# 绘玩日本

陆双 章恺礽 著/绘

© 2023 北京语言大学出版社，社图号 23122

图书在版编目（CIP）数据

绘玩日本／陆双，章恺礽著、绘. -- 北京：北京语言大学出版社，2023.10
ISBN 978-7-5619-6343-2

Ⅰ. ①绘… Ⅱ. ①陆… ②章… Ⅲ. ①旅游指南—日本 Ⅳ. ①K931.39

中国国家版本馆CIP数据核字(2023)第175767号

## 绘玩日本
## HUI WAN RIBEN

| 责任编辑：郑文全 | 责任印制：周　燚 |
|---|---|

版式设计：创智时代

出版发行：*北京语言大学*出版社

| 社　　址： | 北京市海淀区学院路 15 号，100083 |
|---|---|
| 网　　址： | www.blcup.com |
| 电子信箱： | service@blcup.com |
| 电　　话： | 编 辑 部　8610-82300358/1019/0087 |
| | 国内发行　8610-82303650/3591/3648 |
| | 北语书店　8610-82303653 |
| | 网购咨询　8610-82303908 |
| 印　　刷： | 东港股份有限公司 |

| 版　次：2023年10月第 1 版 | 印　次：2023年10月第 1 次印刷 |
|---|---|
| 开　本：889 毫米 ×1194 毫米 1/32 | 印　张：7.75 |
| 字　数：98 千字 | 定　价：49.80元 |

PRINTED IN CHINA

凡有印装质量问题，本社负责调换。售后QQ号1367555611，电话010-82303590

# 前言

日本的动漫和影视作品伴随了我们一代人的成长，很多场景更是成为经典，是人们去日本旅游的网红打卡地。

我们都是80后，童年看的动漫多数是日本的，我们夫妻就是这一代千千万万人中的一员。2019年，我们追寻着动漫和影视作品中的经典场景，来了一场日本旅游，并用自己的画笔记录下了这些美景，希望和更多人分享。

# 基本注意事项

签证

时差

货币

有一种签证是3年内可多次入境的，一次最长停留30天。还有一种签证是5年内可多次入境的，一般不需要。

# 出行准备

脸脸带的一件外套

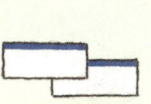

2张机票

桃桃带的一件外套

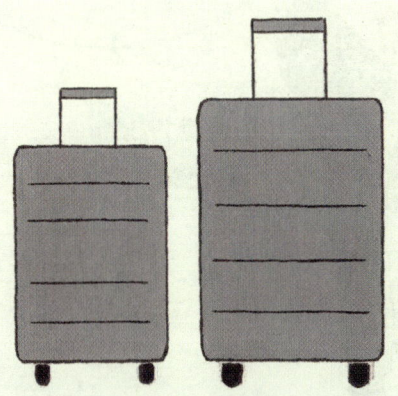

一对行李箱

手机支架
不用麻烦别人也可以拍合照了

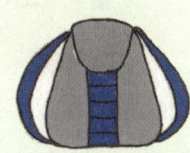

脸脸的背包

日本签证可以网上办理。3年多次旅游签证，500元，10个工作日内搞定。

日本比我国早一个小时，我们这边早上8点，那边早上9点。

100日元大约等于5元人民币（2023年10月）。

一定要带现金，除了东京这样的大城市外，日本其他地方不一定能使用支付宝和微信支付。另外，在日本邮政银行的ATM机上可以使用银联卡直接取日元。

**电压**　日本电压110V，中国220V，需要带转换插座。

**语言**

学一点儿日常生活用语，也是了解这个国家文化的方式。

下载翻译软件，有直接拍摄图片显示译文的功能。当然学一点儿日常生活用语会更好。

**交通**　问路软件，日本地铁APP。

# 东京的轨道交通系统是世界上最发达的，也是最复杂的

日本的轨道交通系统和中国不同，下表进行对比分析：

| 中国轨道交通 | 日本轨道交通（以东京为例） |
|---|---|
| 国家统筹规划建设 | 多家公司瓜分市场 |
| 地铁负责城市内的交通 | 主要由东京Metro、东京都营地铁以及JR三家公司运营，线路多达数十条 |
| 火车负责城市之间的交通 | 新干线是日本的高速铁路客运专线系统，由JR西日本、JR东日本和JR东海三家公司分管，共有8条线路。新干线将日本四岛连接在一起 |
| 火车站和地铁站一般是分开的 | 车站一般在一起，有重叠；JR线、新干线、地铁将日本连成一个整体 |

注 ①JR既有地铁，也有新干线（可理解为高铁）。车站换乘时除了东京Metro与都营地铁之间可直接换乘外，其他线路之间的换乘需出检票口再进入其他线路的车站。

②日本地铁线路的命名一般不使用"数字＋号线"的方式，而是使用始发站和终点站名称命名。另外相同线路也有快慢车之分，不同的车停靠站不同。

## 票价灵活，但也贵

**票价**

票价按距离递增，儿童票价（12岁以下）一般是成人票的一半。

**票种**

分为普通票、定期券、回数券、一日券等。

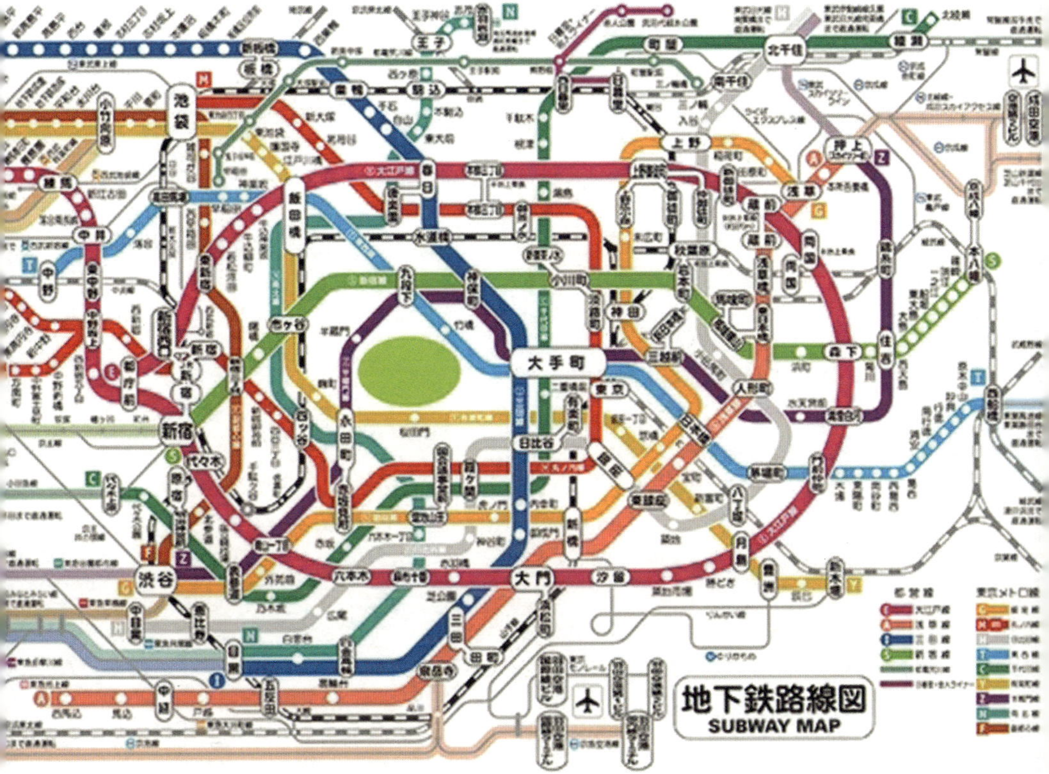

地下鉄路線図
SUBWAY MAP

## 交通省钱方法

用好了，灵活、经济；
用不好，晕头转向。

1. 不要打车，打车非常贵。
2. 买地铁通票，外国人专用。

我们买的是48小时地铁通票。

左侧地铁通票涵盖东京Metro和东京都交通局两家公司，共13条线。

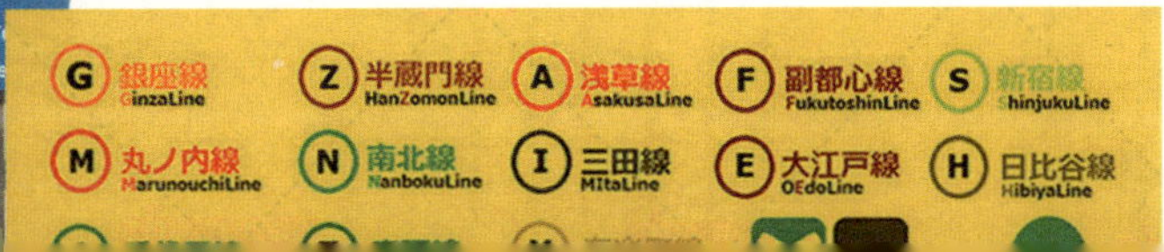

| G 银座线 GinzaLine | Z 半藏门线 HanzomonLine | A 浅草线 AsakusaLine | F 副都心线 FukutoshinLine | S 新宿线 ShinjukuLine |
| --- | --- | --- | --- | --- |
| M 丸ノ内线 MarunouchiLine | N 南北线 NanbokuLine | I 三田线 MitaLine | E 大江户线 OEdoLine | H 日比谷线 HibiyaLine |

5

# 目录

 第一天 到达东京 ……… 9

 第二天 动漫巡礼和深夜食堂 ……… 37

 第三天 胡同巡礼 ……… 55

 第四天 晴空塔和台场 ……… 71

 第五天 寅次郎和《麒麟之翼》……… 85

第六天 镰仓樱木花道 ……… 121

| 第七天 | 第八天 | 第九天 | 第十天 | 第十一天 | 第十二天 |
|---|---|---|---|---|---|
| 到达汤本 | 《千与千寻》的『汤屋』 | 来京都了 | 伏见稻荷 | 来大阪了 | 回家 |
| 143 | 153 | 173 | 191 | 221 | 237 |

# Day 1

我们坐"红眼航班"一早就到了东京。因为很兴奋，我们也不觉得累，马上就开始了一天的吃吃逛逛。

**第一天** 到达东京

1. 东京
2. 筑地市场
3. 浅草寺
4. 花屋敷游乐园
5. 居酒屋

到达东京

前一晚在机场，困得东倒西歪。

# 东京

东京是日本的政治、经济、文化中心，是一座国际化的大都市。有人说东京是一个丰富、多元的混合体，有强大的文化融合力。

虽然我们只在东京玩儿了几天，不可能全面了解她。但是我们不仅游览了热门景点，还去了普通的居民区和有悠久历史的小镇，从而对其多样性也得以略窥一二。

东京都是日本三大都市圈之一，管辖区包括东京的23个区、多摩地区以及周边岛屿。

日本之旅从一瓶饮料开始。从机场出来特别口渴，排队等开向市区的大巴的时候，在自动售货机上买了一瓶饮料。日本的饮料很贵，最便宜的是100日元，而且多数都是冰的。

INFO

成田机场位于千叶县成田市，是日本最大的国际航空港之一，设有两个航站楼，各自有地铁站连接JR线和京成线。出航站楼也有大巴，乘坐大巴从机场至东京市区约需1小时。

## 日本历史时期

| 江户时代 | 1603年——1867年 |
| 明治时代 | 1868年——1912年 |
| 大正时代 | 1912年——1926年 |
| 昭和时代 | 1926年——1989年 |
| 平成时代 | 1989年——2019年 |
| 令和时代 | 2019年——至今 |

江户时代的文化、明治时代的建筑、昭和时代的美女，听到这些词语你可能有些迷糊，搞不清楚吧。知道这些年代所对应的时间后你就很清楚了。

# 酒店

　　我们住的旅之栖滨松町酒店，2019年8月开业（3星），靠近JR滨松町站，24小时前台服务，附近有安宅丸东京湾游船。双床房含早400~450元/晚。

　　入住15：00~24：00　　退房11：00之前

　　这是一家新开的酒店，环境很好，还有免费早餐，有一款面包特别好吃。酒店挨着海边，在大厅能看到岸边的帆船桅杆。柯南《漆黑的追踪者》中还出现过这个岸边的场景。

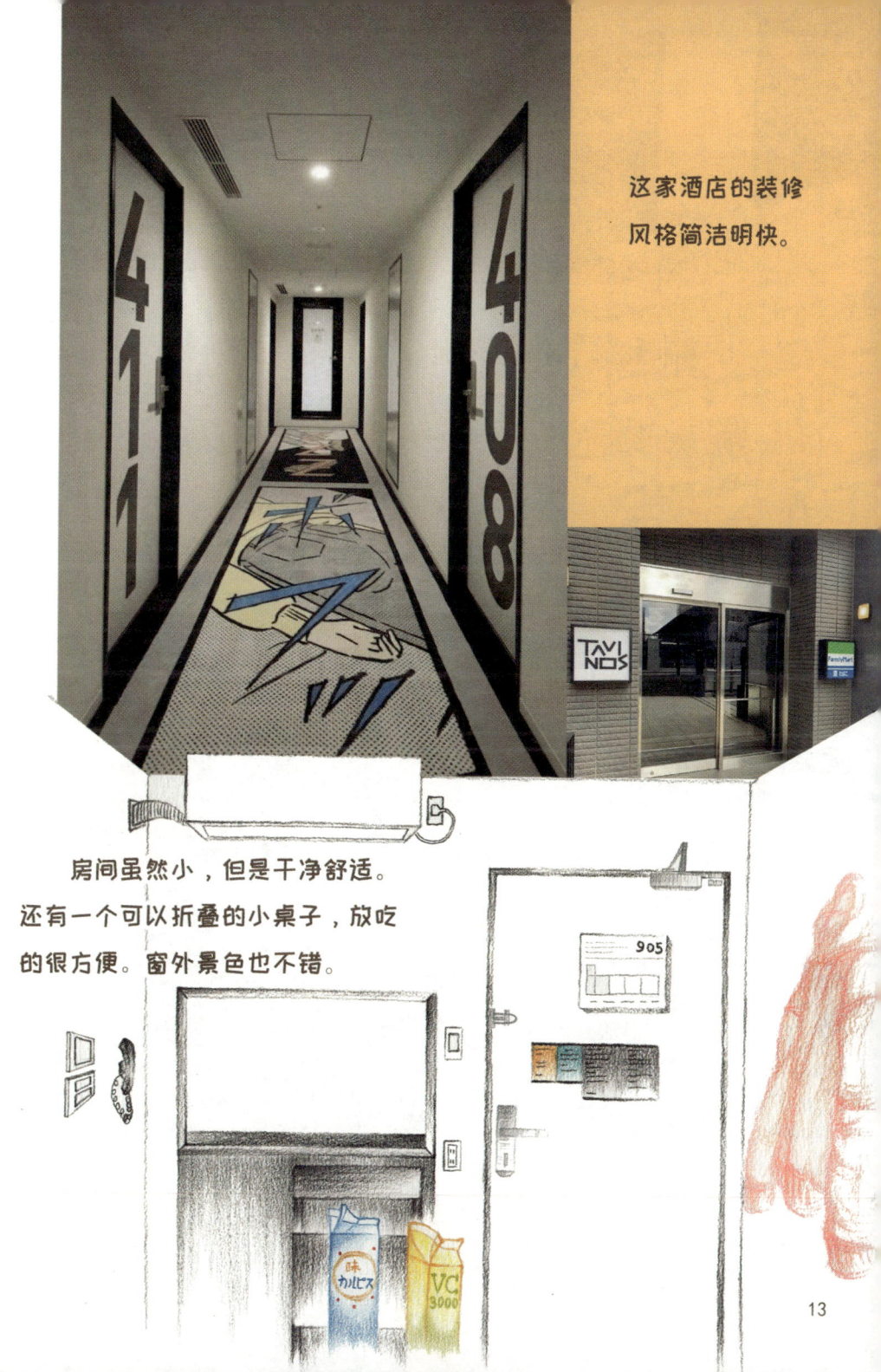

这家酒店的装修风格简洁明快。

房间虽然小，但是干净舒适。还有一个可以折叠的小桌子，放吃的很方便。窗外景色也不错。

# 筑地市场

筑地市场内，一家店门口装饰得很漂亮。

东京都中央区筑地5-2-1

地铁日比谷线筑地本愿寺前站1号出口

向西南步行5分钟 / 都营大江户线中央

市场前站A1出口

酒店离筑地市场太近啦。放下行李,我们马不停蹄地去那里吃海鲜,正好一路过来也饿了。

筑地市场曾经是世界上最大的海产品交易市场。其中,鱼竞拍的过程已经有点儿类似于观赏性的节目。不过因为2020年东京奥运会的缘故,筑地海产品交易市场已经搬迁,但是外面的小吃市场还在,摊位鳞次栉比,游客非常多,非常热闹。

好大的鳗鱼,买了3个,一共1800日元。

但是是凉的,咬起来有点儿费劲儿,加热更好吃。

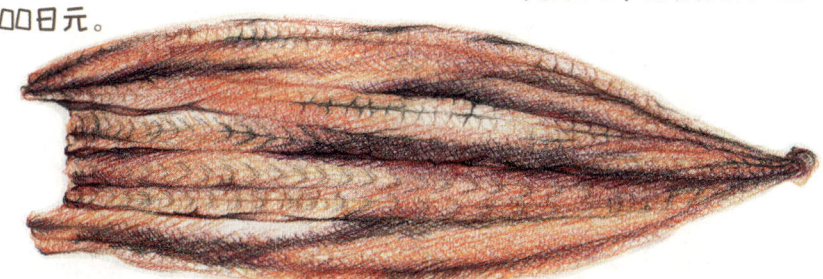

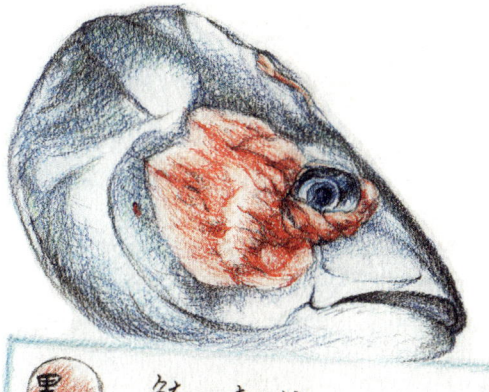

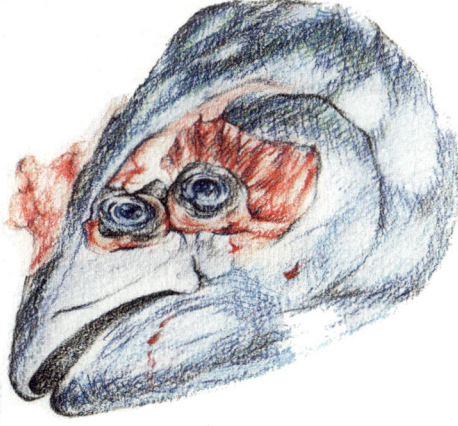

一家店门口,两个金枪鱼的鱼头摆在桌子上供游客欣赏。

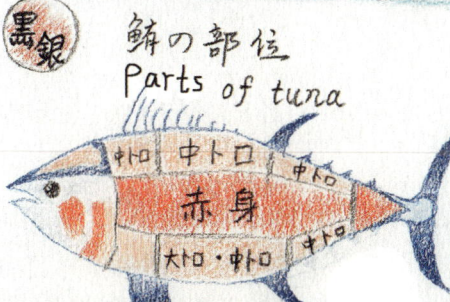

海鲜倒也是常见的东西,
但是排列得整齐好看。

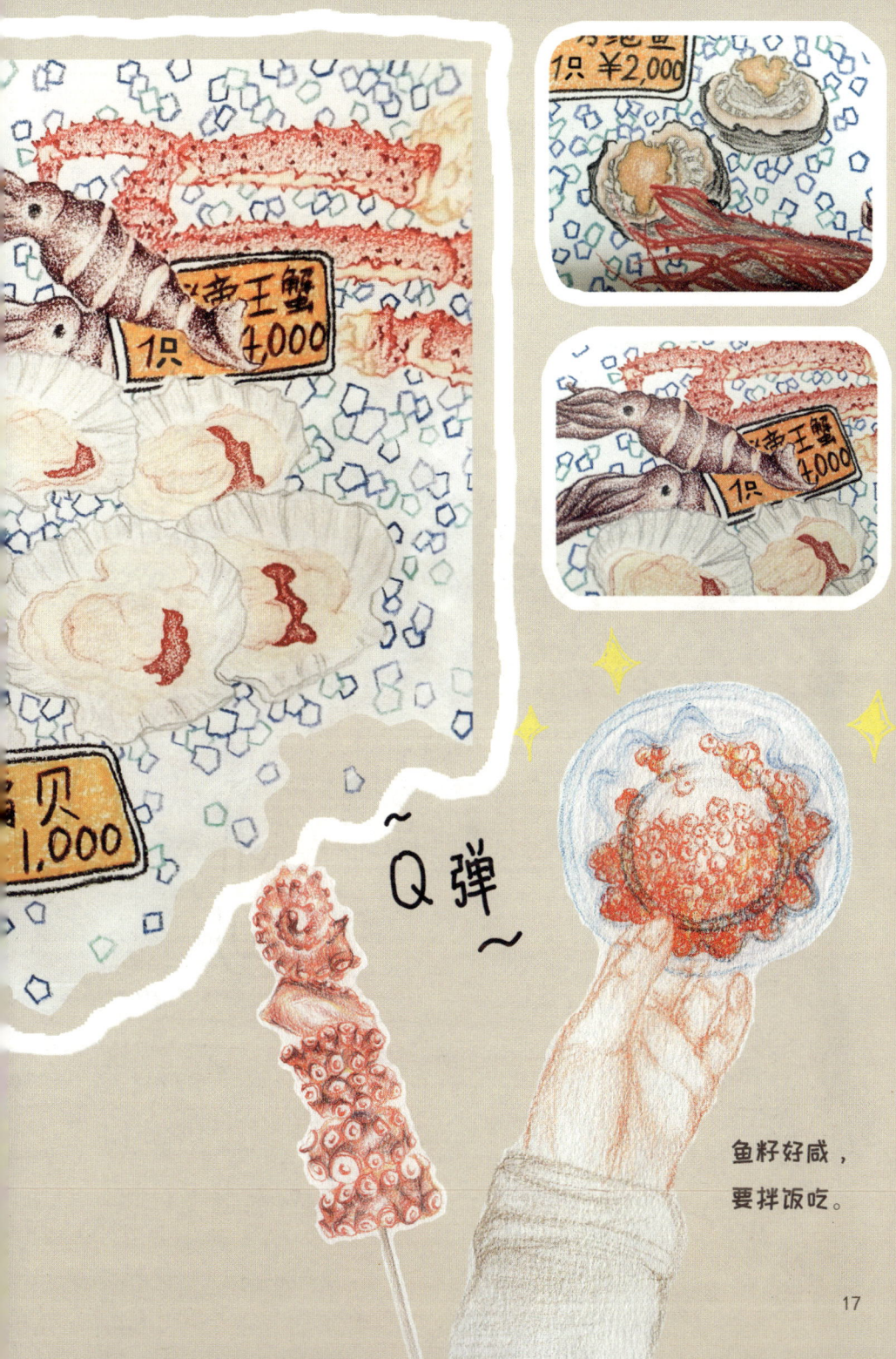

吃完海鲜,下一站去浅草寺。在浅草寺附近看到一个公园,金黄色的银杏树叶挂满了枝头,也铺满了地面,使得红色的仿古建筑更加亮眼。

# 公园

公园内还有一些儿童娱乐设施。我们刚好看到日本学生放学，在这里玩耍；还有父母在这里陪孩子玩耍。这里有当地居民平常生活的场景。

浅草寺内还有这样的雕像，挺有趣的。

东京都台东区浅草2-3-1
东京地铁银座线浅草站1号出口步行2分钟/
都营浅草线浅草站A4出口步行5分钟

浅草寺建于628年，是东京最古老的寺院，也是日本现存的具有"江户风格"的民众游乐之地。寺内有一座雕像（左图），是日本的水神——沙竭罗龙王。

21

## 雷门

建于942年的风雷神门,简称雷门,最初是为了祈求天下太平和五谷丰登而建的。雷门有一个大红灯笼,很醒目,是游客必打卡地。

风神

重达700公斤的巨大纸灯笼

门口有人力车,坐一圈5000日元。车夫态度很好,会和客人聊天儿。

雷神

# 花屋敷游乐园

想来这个游乐园,完全是因为一部纪录片。

日本放送协会(NHK)制作的《纪实72小时》是一部纪录片,通过在花屋敷游乐园采访,讲述居住在东京的普通人平凡又鲜活的故事。有讲述夕阳恋的,尽管已是暮年,但心中仍然有浪漫;有讲述跨国夫妇的,虽然有文化和语言的障碍,但是两个人都对共同生活有美好的憧憬,所以有勇气面对。

花屋敷游乐园,1853年开园,是日本历史最悠久的游乐园。这真的很让人惊讶,居然那么早。园内游乐设施也挺多,过山车、旋转木马、小电车、忍者体验道场等,一共有20多项游乐设施。

票价:
成人900日元 小学生400日元
(入园门票,游乐设施另收费)

INFO

东京都台东区浅草2-28-1
地铁银座线浅草站步行5分钟

浅草寺花屋敷游乐园入口

手机放地上拍,刚好有人经过,看上去像个巨人。

最古老的云霄飞车,挤在最繁华的街区,呼啸而过,好像穿越了过去与现在。

看完纪录片就很想坐这个过山车。
爬坡30秒，尖叫5秒，就到了。

# 居酒屋

不远处的东京塔

这家店里都是男人在喝酒。

如今，日本上班族下班之后去居酒屋是想找个放松的地方和同事聊天儿。这里有轻松、互动的氛围，可以消除平时的压抑，让心灵得到安慰。

日语"居"即"坐下来",居酒屋也就是可以坐下来喝酒的店。江户时代东京男多女少,居酒屋就成了单身男性劳工日常用餐的地方,因为讨不到老婆做饭嘛。

**居酒屋文化原来是光棍文化**

## 居酒屋常见美食

烤鱿鱼

烤鸡肉串

梅酒

章鱼小丸子

鳗鱼

烤虾

清酒

雨夜,还是早点儿回酒店,今天就不继续逛了,第一天行程已经挺满的了。

酒店观台场夜景

从住的房间能看到台场,在全家便利店买了点儿零食,坐在床上边吃边欣赏窗外的夜景。

贴心的小设计

# 东京街景（一）

坐过山车的票

樱花的井盖

晚上路过日本桥

漂亮的橱窗

这地铁好复杂

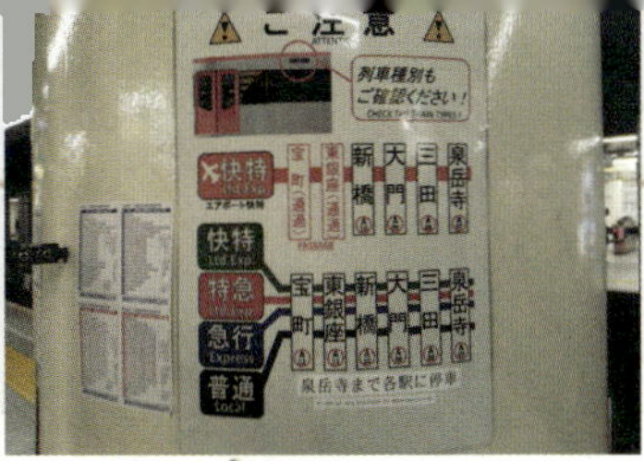

酒店的窗外

筑地市场尽头有一个寺庙

筑地市场的入口

筑地市场的海鲜

# 日语小课堂

> 五十音图，学日语第一步

|   | a | i | u | e | o |
|---|---|---|---|---|---|
|   | あア a | いイ i | うウ u | えエ e | おオ o |
| k | かカ ka | きキ ki | くク ku | けケ ke | こコ ko |
| s | さサ sa | しシ shi | すス su | せセ se | そソ so |
| t | たタ ta | ちチ chi | つツ tsu | てテ te | とト to |
| n | なナ na | にニ ni | ぬヌ nu | ねネ ne | のノ no |
| h | はハ ha | ひヒ hi | ふフ fu | へヘ he | ほホ ho |
| m | まマ ma | みミ mi | むム mu | めメ me | もモ mo |
| y | やヤ ya |   | ゆユ yu |   | よヨ yo |
| r | らラ ra | りリ ri | るル ru | れレ re | ろロ ro |
| w | わワ wa |   |   |   | をヲ o |
| 拨音 | んン n |   |   |   |   |

你好
こんにちは
konnichiwa

谢谢
ありがとう
arigatou

再见
さようなら
sayounara

梅酒
うめしゅ
umeshu

烤鸡肉串
焼き鳥
yakitori

请帮我们退房。
チェックアウトしてください。
chekkuautoshitekudasai

34

| 鳗鱼<br>ウナギ<br>unagi | 几个？<br>いくつですか。<br>ikutsudesuka |
|---|---|
| 酒店<br>ホテル<br>hoteru | 日本<br>日本<br>nihon |
| 我是中国人。<br>わたしは中国人です。<br>watashiwa chuugokujindesu | 请问售票处在哪儿？<br>切符売り場はどこですか。<br>kippuuribawa dokodesuka |

请问去东京的大巴在哪儿？
東京行きのバスはどこですか。
toukyouyukino basuwa dokodesuka

你好，我们在网上预订了房间。
こんにちは、ネットで部屋を予約しました。
konnichiwa, nettode heyao yoyakushimashita

请帮我们打扫房间。
わたしたちの部屋を掃除してください。
watashitachino heyao soujishitekudasai

在游乐园门口还偶遇摄制组。

看这里。

# Day2

今天的主要观光点是秋叶原，动漫圣地。在去的路上偶然发现一条美食街，当然要进去看看。

**第二天** 动漫巡礼和深夜食堂

1. 上中美食街、阿美横町
2. 秋叶原、中野百老汇
3. 思出横丁
4. 深夜食堂
5. 地铁站的印章

# 上中美食街

今天计划的第一站是秋叶原。但是下车找路的时候,我们无意中看到一条商业街,当场决定先进去逛逛。自由行就是这么随意。

# 阿美横町

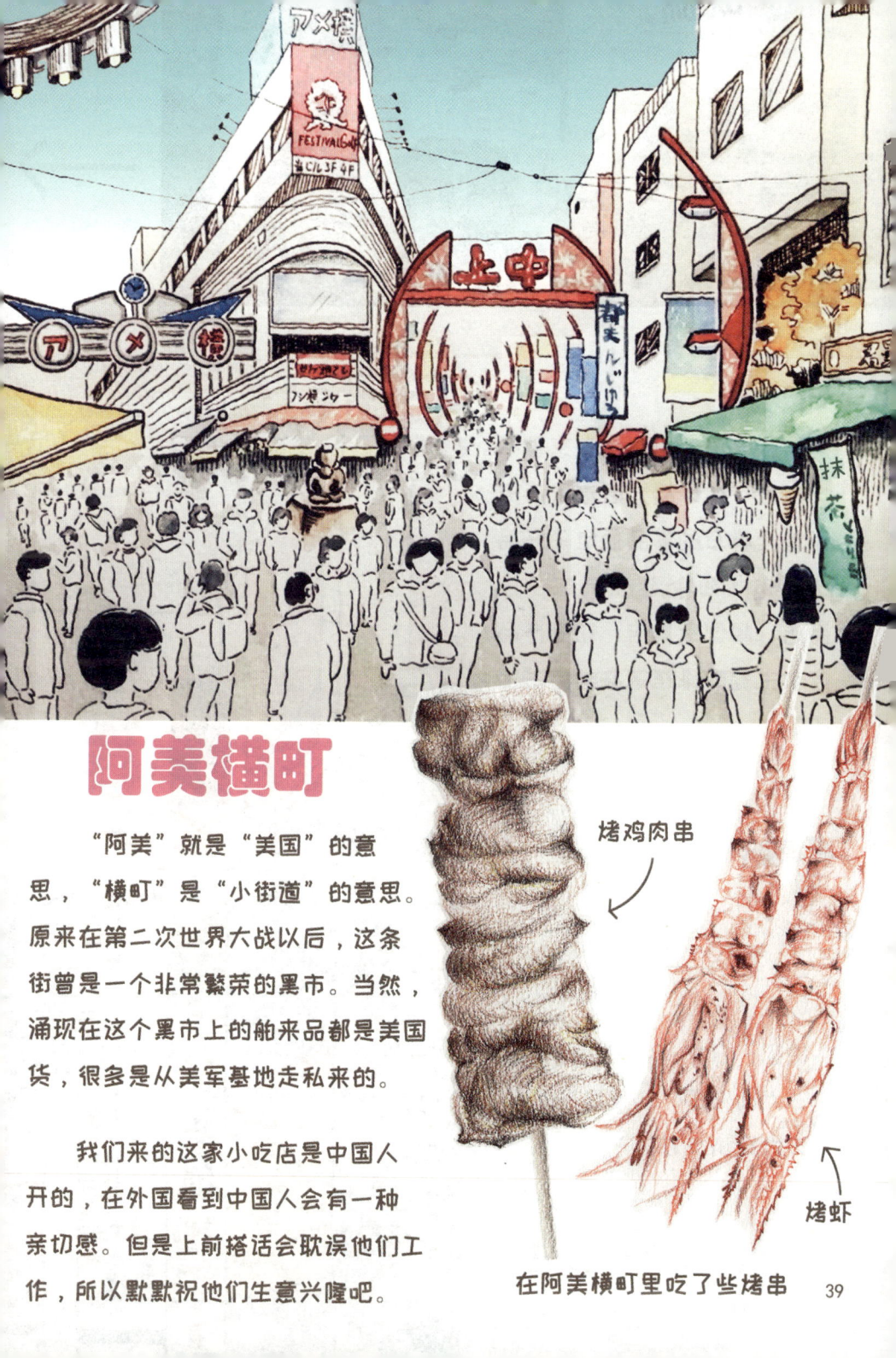

"阿美"就是"美国"的意思，"横町"是"小街道"的意思。原来在第二次世界大战以后，这条街曾是一个非常繁荣的黑市。当然，涌现在这个黑市上的舶来品都是美国货，很多是从美军基地走私来的。

我们来的这家小吃店是中国人开的，在外国看到中国人会有一种亲切感。但是上前搭话会耽误他们工作，所以默默祝他们生意兴隆吧。

烤鸡肉串

烤虾

在阿美横町里吃了些烤串

扭蛋机

秋叶原位于日本东京都千代田区。在二战之后这里形成了售卖稀罕的高品质电子产品的黑市。如今,这里有电子产品店、模型玩具店、动画产品店和主题咖啡馆等各类店铺上千家。

美国、日本、中国是世界三大动漫国。动漫是日本三大经济支柱之一。

40

在阿美横町饱餐一顿后，我们往南步行一会儿就到了秋叶原。秋叶原是日本的动漫圣地，入口处有很多扭蛋机。

# 秋叶原

我们只去了"Akiba"那一栋楼，
里面的东西已经很多，看不完了。

# 中野百老汇

　　中野百老汇是1966年在中野站北口开发的商住两用综合设施。4层下面为商业设施，4层以上是住宅。

　　中野百老汇的2层到4层进驻了漫画、动画、音乐、图片、出租展柜等面向动漫迷的动漫周边衍生品店铺，动漫迷们从世界各地汇聚到这里。

这家店铺的门面装饰实在是抢眼。

# 思出横丁

一条狭窄的小巷里，有近百家传统日式料理小店。

漫画《深夜食堂》讲述平凡的食物和不平凡的百味人生。据说店铺取景参考黄金街（在歌舞伎町附近），但是我觉得和这里更像。喜欢这种充满烟火气的夜市，所以我们早早做好了晚上来这里吃饭的计划。

新宿西口

《深夜食堂》系列漫画共16本（未更新完），作者安倍夜郎。书中描绘了各色人生：脱衣舞娘、变性人、黑帮大佬等等。没有道德批判，只有平静的讲述，喜欢书中包容的态度。

INFO

东京都新宿区西新宿地铁
大江户线新宿西口站出站

# 深夜食堂

巷子挺窄,
人贴人。

番茄酱

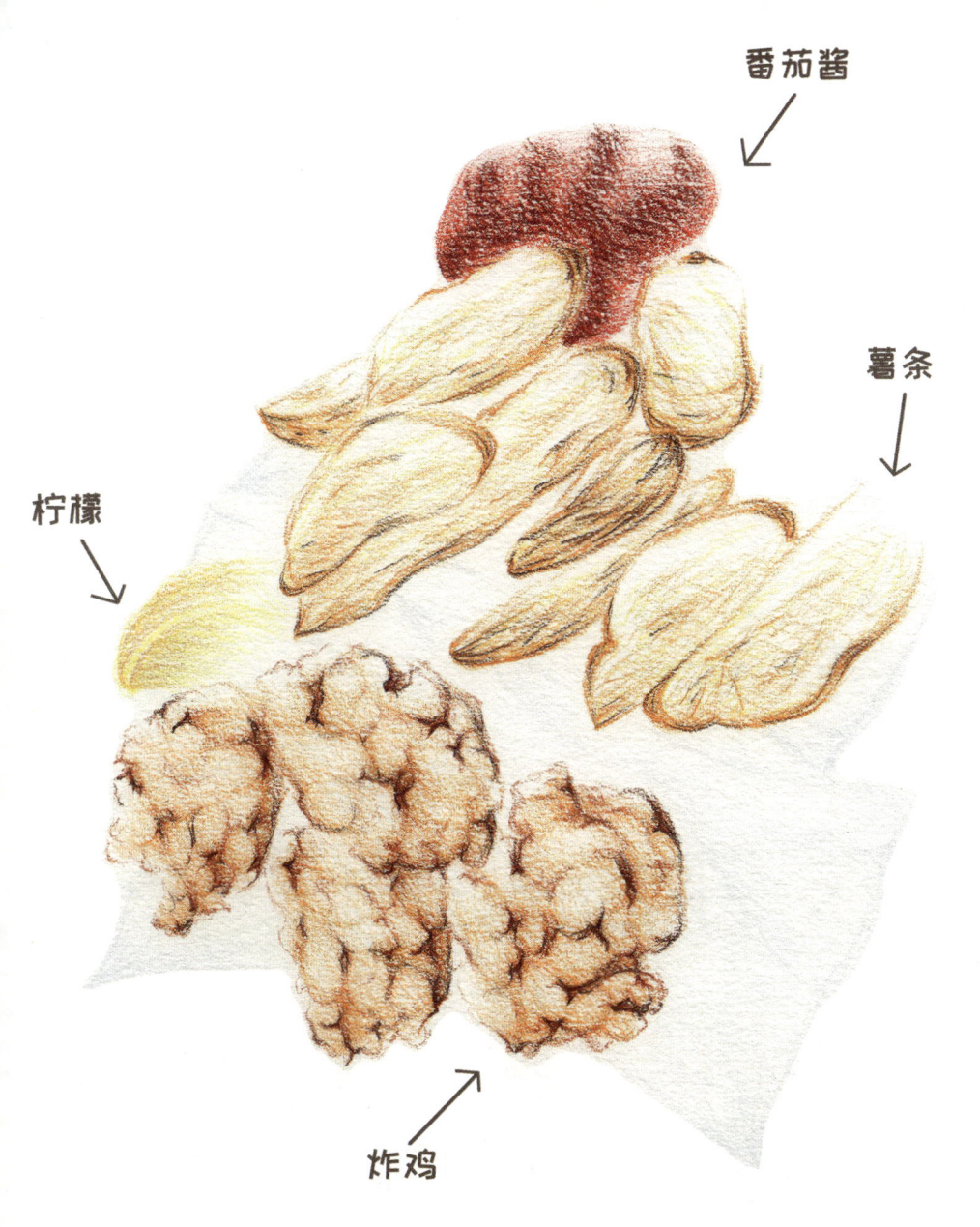

薯条

柠檬

炸鸡

这条小街并不长，因为多数店家卖烧烤，所以到处都是烟。假的樱花树枝和红色灯笼挂满了这个小巷。

吃的还挺贵的，有点儿心疼。其实只是过来看看也不会减弱体验感。

47

# 地铁站的印章

日本很多地铁站和火车站都有盖章的服务。一张小桌子，上面放着印章供游客随意使用。印章的图案都是当地标志性的景点。

大的车站都有这种盖章的地方。

49

## 思出横丁的夜晚

思出横丁的小烧烤

中野百老汇商场入口处，到的时候天已经黑了。

秋叶原前面合影

路上看到的水果摊，
水果还挺便宜的。

51

# 日语小课堂

罗马字母r，要读成l
日语里没有r这个音

印章
印
in

动画片
アニメ
anime

柠檬
レモン
remon

酒
酒
sake

番茄酱
トマトソース
tomatosousu

虾
えび
ebi

薯条
ポテト
poteto

猪肉
豚肉
butaniku

炸鸡
チキン
chikin

鸡肉
鶏肉
toriniku

天妇罗
てんぷら
tenpura

开心
楽しい
tanoshii

可爱
かわいい
kawaii

| | |
|---|---|
| 地图<br>**地図**<br>chizu | 秋叶原<br>**秋葉原**<br>akihabara |
| 好吃<br>**おいしい**<br>oishii | 多谢款待<br>**ご馳走さま**<br>gochisousama |
| 请问这个多少钱？<br>**これはいくらですか。**<br>korewa ikuradesuka | 给我这个。<br>**これをお願いします。**<br>koreo onegaishimasu |
| 就这么多了。<br>**以上です。**<br>ijoudesu | 结账<br>**かんじょう**<br>kanjou |

shi读成"xi"，chi读成"qi"
而且嘴巴要扁一点儿

在思出横丁我们吃的那家店,看了看菜单了解物价,还是有点儿贵的。

# Day3

前两天太累了，今天我们就逛逛东京的小马路，看看最平凡的生活。

第三天　胡同巡礼

1. 胡同窄巷、街道美学
2. 日本自动售货机文化
3. 神乐坂
4. 歌舞伎町、黄金街

# 胡同窄巷

今天多睡了一会儿，就随便溜达，悠闲地逛了些小胡同，看到很多漂亮的小店铺。这里是居民日常生活的地方，安静又温暖。

置身于小胡同中，我觉得很温馨，想起了小时候北方的很多平房。房子不高，胡同也不宽，能清楚地看到每家门口的装饰。

# 街道美学

街道的温馨感是有科学依据的。日本建筑学者芦原义信的《街道的美学》中提出了街道宽与高之比（DH）的概念，认为DH比在1至1.5之间，街道就给路过的人温馨感。

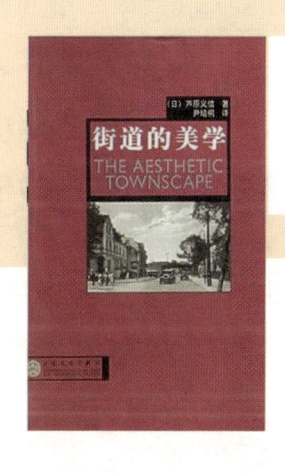

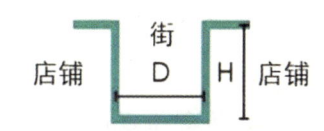

DH < 1 有一点儿压抑感

DH = 1 有内聚感，比较舒服

DH = 2 还有一些向心感，但不多

DH > 2 温馨的氛围会逐渐消失

# 日本自动售货机文化

走在日本街头，随处可见自动售货机，非常方便。除了饮料，还有售卖大米、冰激凌、饭团的呢，真是五花八门。

**历史** 说到自动售货机的历史，可以追溯到古埃及时代，传说是用来售卖圣水的一种工具。1890年日本出现了第一台自动售卖邮票的机器。

**发展** 为什么之后日本的自动售货机文化会日渐昌盛呢？主要还是因为社会因素。日本治安很好，不担心偷盗问题。另外自动售货机可节约时间，非常适合日本的上班族，尤其是东京那些工作压力相对大、走起路来脚下生风的上班族。

**价格** 关于价格，我们看到最便宜的是100日元的饮料，偶尔看到过75日元的，听说还有50日元的。饮料基本是凉的，有时也有热饮。

随处可见的自动售货机

水比较贵，出行前去超市买大瓶的饮料划算，越大越便宜。牛奶很便宜，可以多喝。反正日本地铁没有安检嘛，带着也方便。

这个破旧的房子看上去没有人住了，走在附近有点儿阴森恐怖的气氛。

# 神乐坂——江户风情老街

我们是下午到的神乐坂，因为临近圣诞节，很多小店在播放圣诞歌曲。走在神乐坂的坡道上，被那里怀旧又风雅的气息包裹着，恬静、舒适。

INFO

东京都新宿区神乐坂有乐町线饭田桥站B3出口

神乐坂具有浓厚的日本传统风情，是东京为数不多可以欣赏传统艺伎表演的地方。旧时以"花街"闻名，江户时代后期达到巅峰，但又夹杂着淡淡的西洋气息，因为有很多欧式小店。

一家书店

《三体》在全世界都很火了吧。

日本的很多书是竖排版，还沿袭中国以前的阅读习惯。日本有一点很神奇，旧的事物和习惯可以保留，同时不断探索新的东西。

# 一家点心店铺

神乐坂的很多店铺，门面都装饰得很漂亮，而且有自己的特色。上图就是一家典型的日式小店门面。

一个炸面饼，里面有些玉米，味道"无功无过"吧。

300日元

# 歌舞伎町

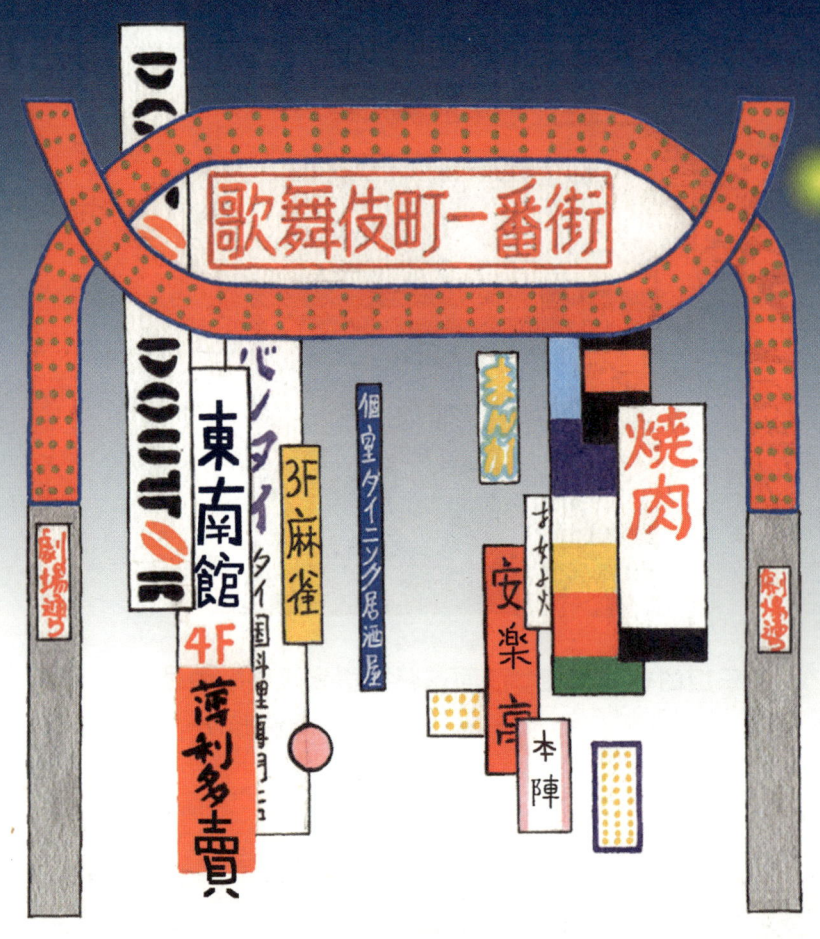

　　歌舞伎町位于东京都繁华的新宿区中心地带，分为一丁目和二丁目，与东京都政府大楼邻近。

　　歌舞伎是日本传统艺术，起源于17世纪。第二次世界大战后，歌舞伎町一带建造了歌舞伎的表演场地，因此该地被命名为歌舞伎町。

　　现如今，这里是日本最有名的夜生活闹市，酒吧、KTV、影院、漫画茶室等娱乐场所，在这里都能找到。

黄金街这家店的灯光超级亮。

**INFO**

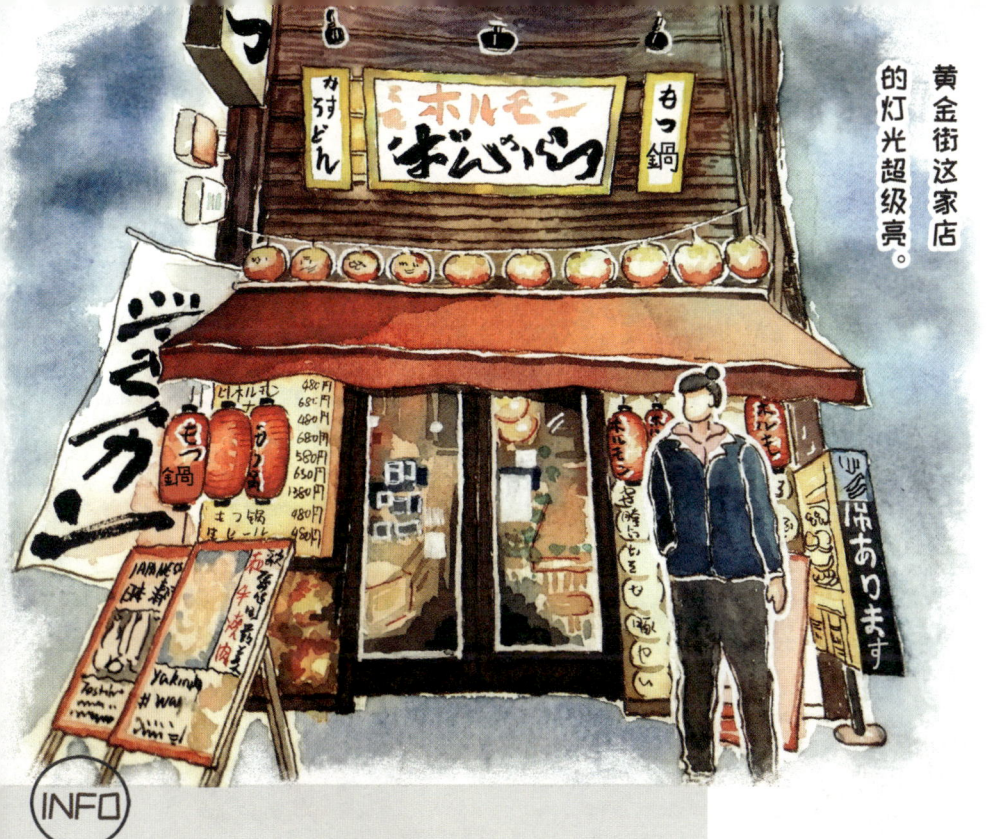

东京都新宿区歌舞伎町一丁目、二丁目地
铁丸之内线新宿三丁目站B5出口步行1分钟

## 黄金街

新宿黄金街位于新宿区政府大楼前的区役所通道与花园神社之间。现在，到处都是漫画吧和小餐馆。许多作家、诗人、漫画家、电影人、戏剧家、出版人、编辑等文化界人士经常光顾此地。

一家"勉强"的鞋店

新宿附近的商圈夜景

# 东京街景（二）

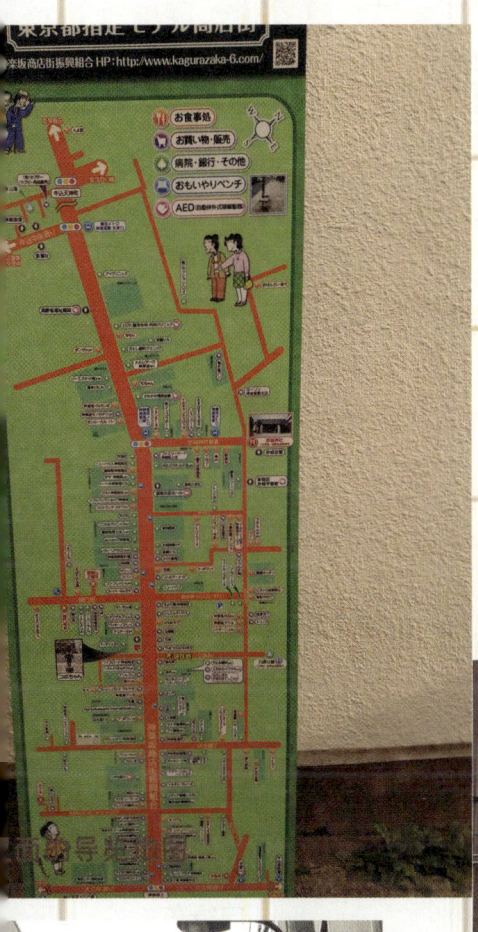

一条普通的小巷子

# 日语小课堂

| 生鱼片<br>刺身<br>sashimi | 换钱<br>両替<br>ryougae |
|---|---|
| 马路<br>道路<br>douro | 禁止入内<br>立入禁止<br>tachiirikinshi |
| 新宿<br>新宿<br>shinjuku | 神乐坂<br>神楽坂<br>kagurazaka |
| 书店<br>本屋<br>honya | 自行车<br>自転車<br>jitensha |
| 药<br>薬<br>kusuri | 自动售货机<br>自動販売機<br>jidouhanbaiki | 地铁<br>地下鉄<br>chikatetsu |

| 这个<br>**この**<br>kono | 那个<br>**あの**<br>ano |
|---|---|
| 这边<br>**こちら**<br>kochira | 那边<br>**あちら**<br>achira |
| 要一个,谢谢。<br>**ひとつ、ありがとう。**<br>hitotsu, arigatou | 请问有菜单吗?<br>**メニューはありますか。**<br>menyuuwa arimasuka |

请帮我拍一张照,可以吗?
**写真を撮ってくれませんか。**
shashino tottekuremasenka

su读成"丝"和"苏"之间的音,而且嘴巴扁一点儿,不用拖长音。

地铁站里有小饭馆，卖各种好吃的。让人想起中国绿皮火车时代站台上的小摊。

# Day4

晴空塔是日本最高的建筑。台场是日本最大的人造陆地，最初是江户时代保卫江户的要塞岛。现在汇聚了富士电视台大楼、东京国际展览中心等，今天一起去看看吧。

第四天　晴空塔和台场

1. 晴空塔
2. 彩虹大桥
3. 富士电视台

# 晴空塔

ジャーン

TOKYO SKY TREE

最高处 634 米

东京晴空塔又称东京天空树、新东京铁塔，是位于东京都墨田区的电波塔。

晴空塔高634米，于2011年11月17日被吉尼斯世界纪录认证为全世界最高的塔式建筑，亦为世界第二高的人工建筑，仅次于迪拜的哈利法塔。

两个人 6200日元

现场买的票，比网上预订贵了一点儿。还是要提前做好攻略，省心又省钱。

那天天气很好，越往上越晒。一眼望去，东京很少有大片的绿植，街两边的树也很少，可能真的是寸土寸金的缘故吧。

临近圣诞节，擦窗户的工作人员穿上了圣诞老人的衣服。

模糊地记得,小时候看过一个日剧,
女主角身穿百褶裙,站在海岸边。是
不是就在这儿呢?人的记忆真有趣,
某一个场景会永远记得。

# 彩虹大桥

彩虹大桥是连接东京芝浦和台场的大桥，全长918米，建成于1993年，是东京湾标志性的景点之一。彩虹大桥是大量日剧和电影拍摄外景时的首选地之一。

富士电视台就在这儿。

乘坐海鸥号去台场，这是一趟观海列车。

INFO

东京都港区海岸与台场之间的轻轨百合海鸥线台场海滨公园站下，步行5分钟。

# 富士电视台

　　富士电视台是台场的地标性建筑之一，同时也是日本五大民营电视台之一。拍摄制作的《樱桃小丸子》《铁臂阿童木》《海贼王》等深受观众喜欢。
　　《樱桃小丸子》是我们小时候很喜欢看的动画片。那时觉得故事温馨而有趣；长大后再看，发现里面讲了很多人生哲理。

我好喜欢你，小时候和现在都是。

我是樱桃小丸子呀。

我是男孩子，也喜欢看。

**童年回忆**

INFO

东京都港区台场2-4-8
轻轨百合海鸥线台场海滨公园站下，步行1分钟

# 高达

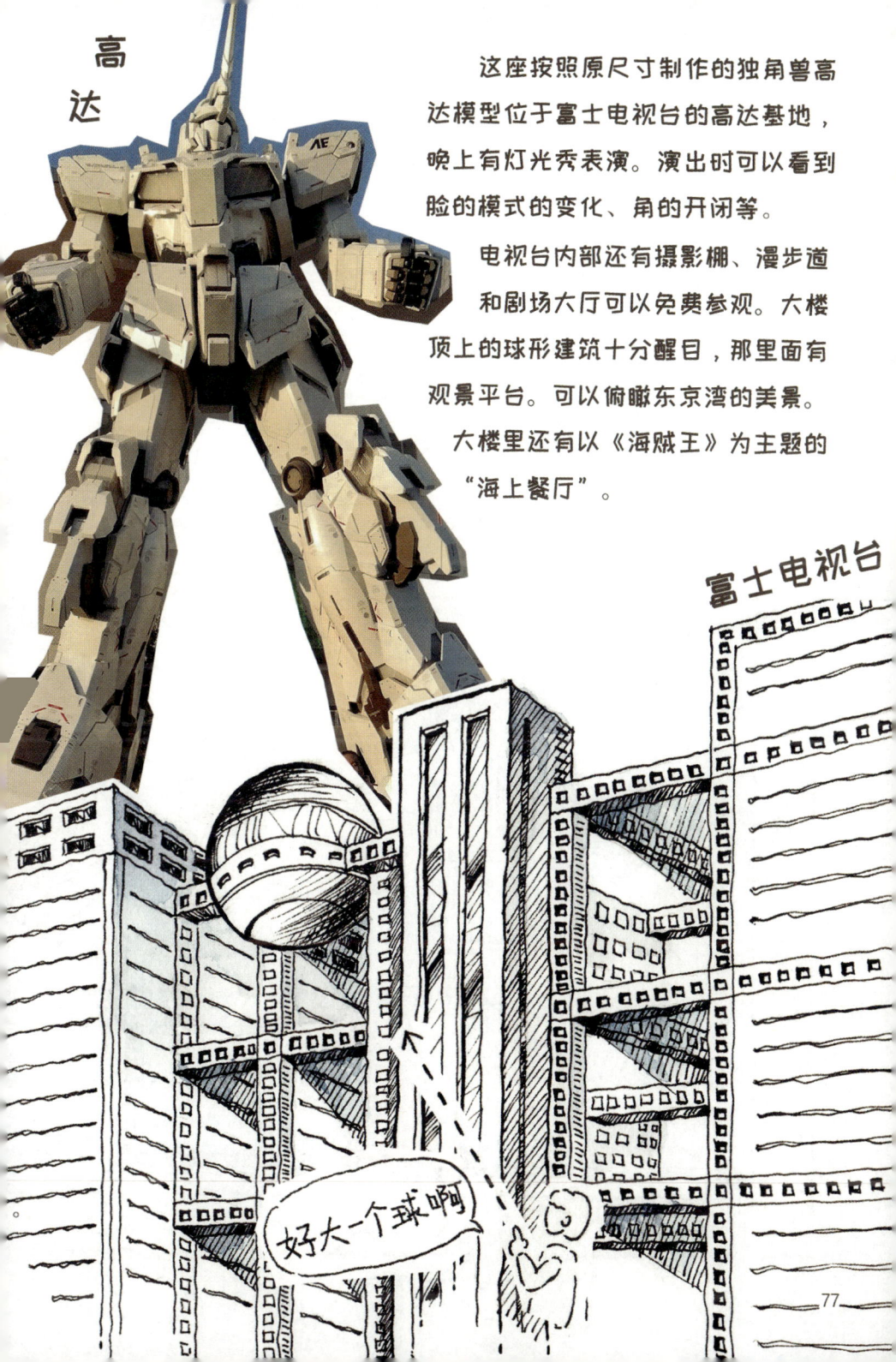

这座按照原尺寸制作的独角兽高达模型位于富士电视台的高达基地，晚上有灯光秀表演。演出时可以看到脸的模式的变化、角的开闭等。

电视台内部还有摄影棚、漫步道和剧场大厅可以免费参观。大楼顶上的球形建筑十分醒目，那里面有观景平台。可以俯瞰东京湾的美景。

大楼里还有以《海贼王》为主题的"海上餐厅"。

## 富士电视台

好大一个球啊

# 小丸子和姐姐的卧室全景图

小丸子和姐姐的卧室，一人一半。姐姐的那边总是很整洁，小丸子这边经常是乱七八糟。

小丸子说过："人最重要的是要relax（放松）。"

晴空塔内部环形观景平台

俯瞰东京

江戸から東京へ 400 年の歴史を

# 江戸東京博
## EDO-TOKYO MUSEU

台场街景

7：30（土曜は19：30まで）※入館は閉館の30分前まで　【休館
- 17:30 (Saturdays：9:30 - 19:30)　※ Last admission 30 minutes before

JR総武線 両国駅 西口
3 -minute walk from West Exit of Ryogo

富士电视台

81

# 日语小课堂

| | |
|---|---|
| 台场<br>お台場<br>odaiba | 富士电视台<br>フジテレビ<br>fujiterebi |
| 机器人<br>ロボット<br>robotto | 大海<br>海<br>umi |
| 汤<br>スープ<br>suupu | 鸡蛋<br>卵<br>tamago |
| 寿司<br>寿司<br>sushi | 盖饭<br>丼<br>donburi |
| 彩虹大桥<br>レインボーブリッジ<br>reinbouburijji | 我饿了。<br>お腹が空いた。<br>onakagasuita |

| 早饭<br>**朝食**<br>choushoku | 晚饭<br>**夕食**<br>yuushoku |
|---|---|
| 面条儿<br>**ラーメン**<br>raamen | 芥末<br>**わさび**<br>wasabi |
| 龙猫<br>**トトロ**<br>totoro | 高达<br>**ダム**<br>damu |

### 日本的行政区划

日本全境由1都（东京都）、1道（北海道）、2府（京都府、大阪府）、43县构成，共47个都道府县。

# 台场海滨公园

毗邻彩虹大桥的台场海滨公园建于一处人工沙滩之上。可以欣赏到彩虹大桥的最佳景色，还有高达115米的世界最高的摩天轮。

东京地铁站里，很多男士上班族穿着一身黑西装，背着好大一个包，又大又鼓，我很好奇里面都装了些什么。

# Day5

充满回忆的电影巡礼的一天。

第五天　　寅次郎和《麒麟之翼》

1　《寅次郎的故事》与葛饰柴又

2　《足球小将》与葛饰四木站

3　《麒麟之翼》与日本桥

4　《新参者》与人形町

# 《寅次郎的故事》与葛饰柴又

葛饰区的柴又站位于东京东部，这是一个充满昭和风情和商业氛围的地区，也是《寅次郎的故事》的拍摄地。

小樱回去吧

柴又站写成柴"叉"站，将错就错，一直保持这样。

《寅次郎的故事》是日本松竹映画历时近三十年（1969年-1995年）制作的，共包含48部喜剧电影，是世界最长的系列电影。

出站就能看到寅次郎和妹妹小樱的雕塑，分别留影一张。

哥哥别走

主人公叫寅次郎，喜欢四处流浪。影片讲述了他在流浪过程中的奇遇，伴有感人的情节，并且贯穿着日本美丽的自然风景和人文景观。

小时候央视播放过很多次《寅次郎的故事》，还有对主创人员的采访。通过这个电影，我看到了日本各地的风光。有机会来寅次郎的家乡看看，感觉既温馨又新奇。

87

# 柴又帝释天参道

　　柴又帝释天（题经寺）的参拜道路位于葛饰区。从京成金町线柴又车站，一直延伸至柴又帝释天，全长200余米。两旁保留着昭和初期的建筑物，售卖当地的美食和小礼品。

看到很多老年游客，电影的确有点儿年代了。

# 柴又帝释天

柴又帝释天本名经荣山题经寺，是一座拥有悠久历史的日莲宗寺院。寺院殿堂上的木雕非常精美，而寺院更因为是《寅次郎的故事》的拍摄舞台而闻名。

寺院内跳舞的玩偶

Shishimai Omikuji
Lion Dance Scared Lots

从柴又车站到寺院的参道上老店鳞次栉比，透着浓浓的昔日风情。

一家食品店铺，装饰复古。

柴又还有很多寺庙，有时间可以慢慢逛。游客中心有很多免费的导览手册，内容很多，只需用翻译软件拍一下就能看懂了。

柴又

在游客中心买了一个纪念品，走的时候和柴又地铁站合影一张。

91

一家复古风格的小食品店及二楼的玩具博物馆，
已经是网红打卡地了，也有很多插画师画过这里。

我们的目标是寅次郎纪念馆。里面复原了寅次郎的家，还有一些拍摄时的介绍。一路过来越来越期待。

位置还算好找。门票500日元，附带还可以看导演山田洋次的生平，这个价钱还是很值的。

开始看纪念馆吧，回忆瞬间拉回到小学时代。

葛飾柴又撮影所

寅次郎纪念馆

开始观赏

沉睡的寅次郎

踏进这个门就是复原的《寅次郎的故事》的拍摄现场啦。

寅次郎家开的店门口外卖的部分

寅次郎家店面厨房

寅次郎家的厨房
幻想厨具都飘起来了

## 电影片段的木偶动画

木偶动画

日本一些老电影的海报，每张的构图都很好看。

博物馆里还有寅次郎电影片段的木偶动画，
这个场景展示的是日本昭和时代市场的样子。

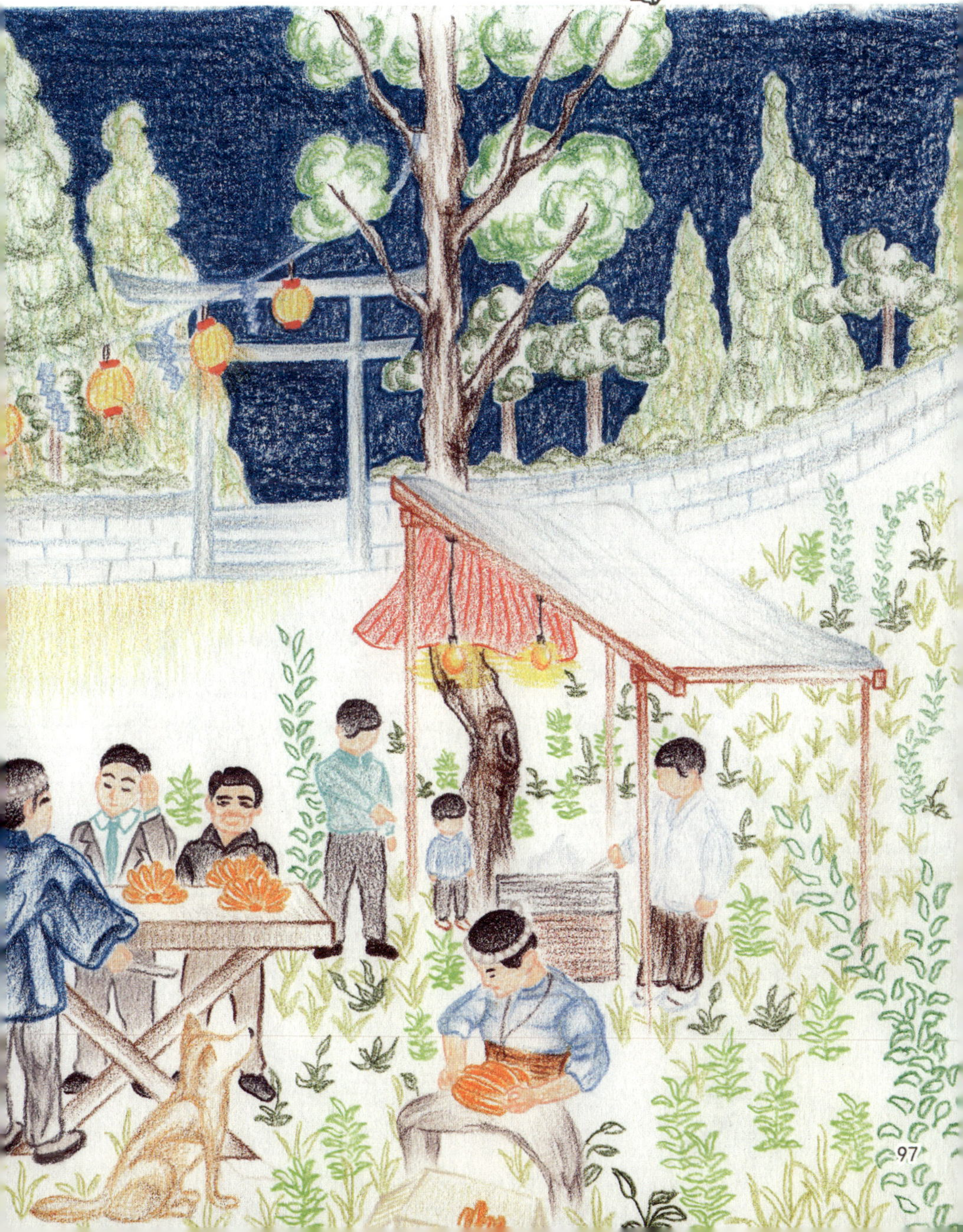

二楼寅次郎的卧室

每当寅次郎在外面受到感情上的伤害,就会回到这里睡觉。

100

## 寅次郎家的客厅

电影中有很多这个客厅的场景,这里有一家人的日常琐事、喜怒哀乐。

## 温馨的家

复原了一张寅次郎家一楼的平面图

前店后寝式建筑，还有院子

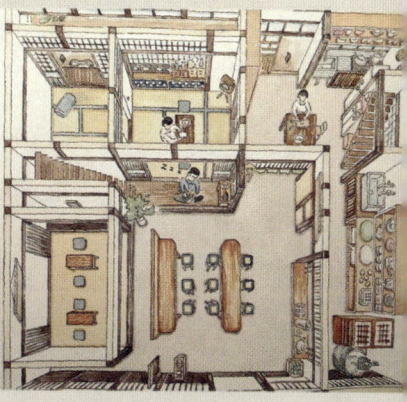

葛饰柴又也是足球小将的家乡
# 《足球小将》与葛饰四木站

看这个动画，我知道了倒勾这个词。
实际上雕塑特别小。

嘿嘿~

实际就这么大。

票据叠成足球小将，不论是手工活还是耐心都让人佩服。

《足球小将》是高桥阳一创作的日本漫画，与《灌篮高手》《棒球英豪》并列为日本运动漫画的巅峰之作。

主人公大空翼居住的南葛市就是作家以自己的老家葛饰为原型创造的。

整个车站都是足球小将。

105

# 《麒麟之翼》与日本桥

江户时代，德川家康创立幕府后，以日本桥为起点，规划和修建了通往京都、日光等地的5条干道。日本桥作为商业中心繁荣发展起来。

> 我是麒麟，电影里经常有我的镜头。

**古代日本桥的样子**

这里也是电影《麒麟之翼》的取景地。象征了东京的起点，寄托了电影中父母对子女的期许——任何时候都可以再次出发。

**INFO**

东京都中央区日本桥1-1地铁银座线、东西线、都营大江户线日本桥站

107

# 《新参者》与人形町

位于东京日本桥附近的人形町，名产人形烧吸引着四方游客，这里有很多百年老店。

**电视剧《新参者》里经常出现的路口**

肉串是凉的

甘酒横丁 鸟忠
中央区日本桥人形町
2019年12月13日(金)

这家店里有《新参者》主要演员的亲笔签名照。因为肖像权的问题，就不放出来了。

《麒麟之翼》和《新参者》的作者东野圭吾，是日本乃至亚洲最出名的当代推理小说家。这两部小说都是以人形町为故事发生的背景地。

甘酒横丁上的这家鱼形烧生意很好，排队的人很多。日剧《新参者》的每一集都是排到男主人公就卖完了。

我们买到了，味道也就是还好啦。

甘酒横丁

# 人形町的钟塔

建于1958年的电波塔，目前仍在发送无线电信号。

每五年重新刷一次漆，翻修挺勤快的。

从人形町站出来，朝甘酒横丁的方向看，会看到人形町的钟塔。该钟塔是以灭火为目的修建的，同时还播放单口相声。在11：00-19：00之间，每到整点时刻，钟塔里就会自动运行时钟表演。

买了点儿喝的和化妆品。

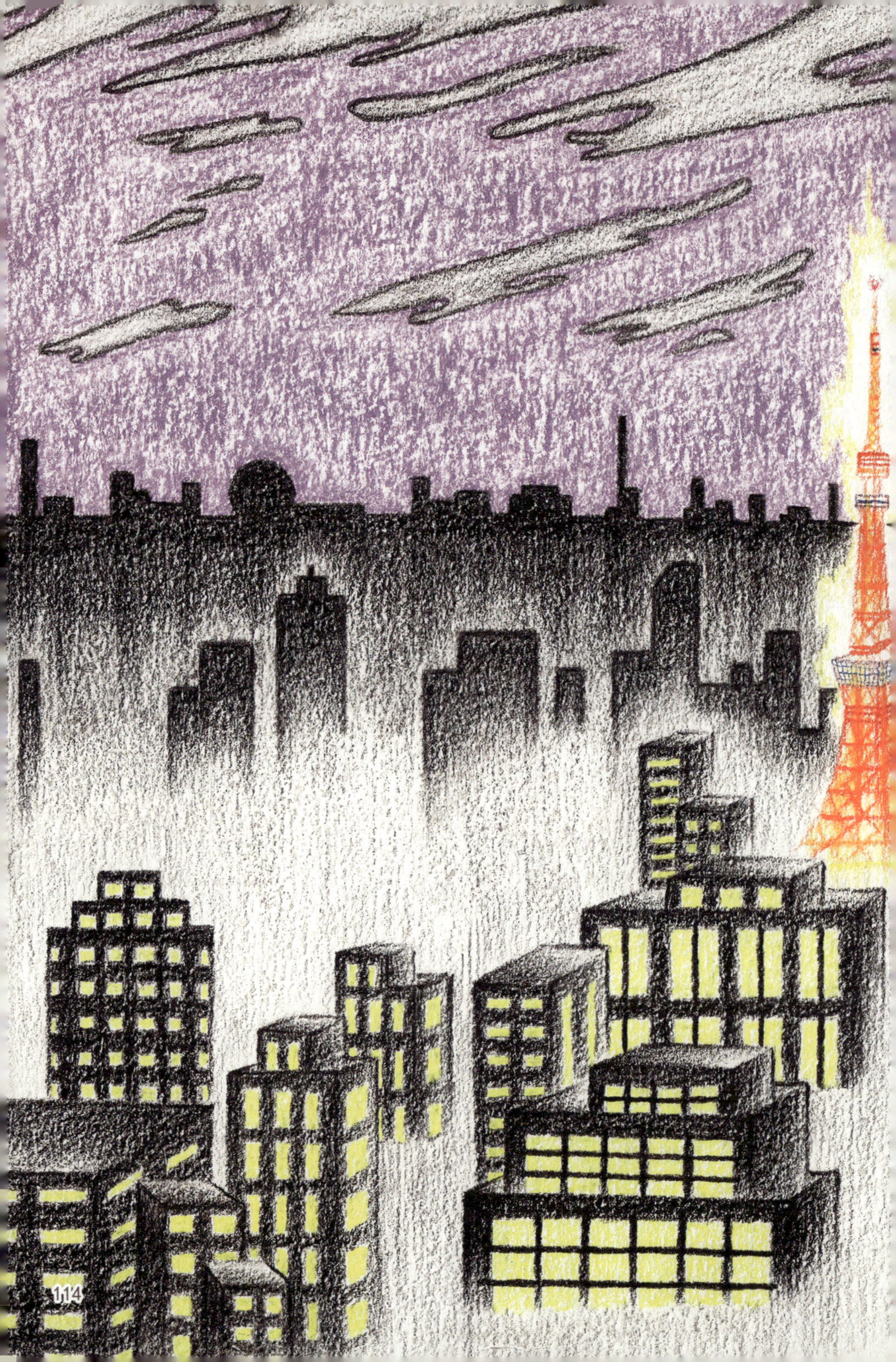

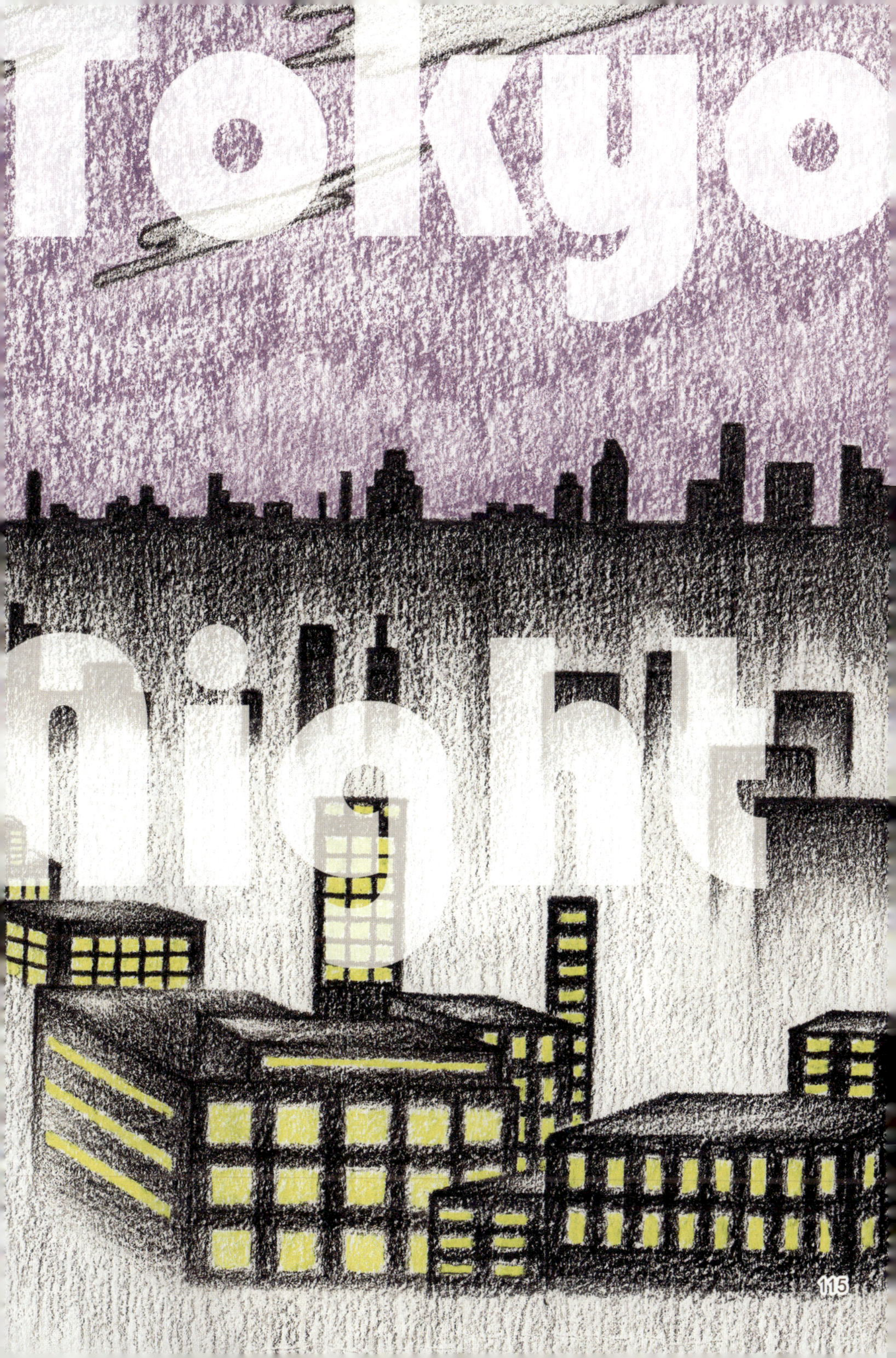
Tokyo
night

# 纪念馆见闻

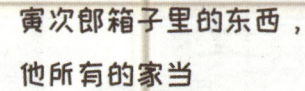

纪念馆里的小火车

寅次郎箱子里的东西，他所有的家当

寅次郎纪念馆庭院内的地砖，上面画着日本各地标志性的建筑

微縮模型

寅の全財産

伊涅斯塔

117

# 日语小课堂

> 这些日语单词，都是今天旅游遇到的。

| 东京塔<br>東京タワー<br>toukyoutawaa | 便利店<br>コンビニ<br>konbini |
|---|---|
| 日本桥<br>日本橋<br>nihonbashi | 纪念馆<br>記念館<br>kinenkan |
| 化妆<br>化粧<br>keshou | 侦探小说<br>探偵小説<br>tanteishousetsu |
| 足球<br>サッカー<br>sakkaa | 厕所<br>トイレ<br>toire |
| 哥哥<br>兄<br>ani | 妹妹<br>妹<br>imouto |

记得第一次到日本的时候，因为车站这个词，还闹了个笑话。

车站
**駅**
eki

简单的短语，对着罗马字，也能读出来。

麻烦你了。
お願いします。
onegaishimasu

不要紧，没关系
だいじょうぶ
daijoubu

怎么去？
どうやって行きますか。
douyatte ikimasuka

我想去这里。
ここに行きたいです。
kokoni ikitaidesu

前一晚信誓旦旦要早起，结果因为太累早上睡到九点半。好在行程非常顺利，去了好多地方。

# Day 6

镰仓市位于日本神奈川县，景致明媚。日本历史上著名的镰仓幕府就源自此地，所以这里有很多名胜古迹。

## 第六天　镰仓樱木花道

1. 去镰仓的交通攻略
2. 《灌篮高手》和铁道口
3. 长谷寺与镰仓大佛
4. 《海街日记》与极乐寺
5. 镰仓的海

# 去镰仓的交通攻略

在地铁新宿站找到小田急线,搭乘去往片濑江之岛方向的"急行"或"快速急行"列车→藤泽站下车→换乘江之电,坐到终点镰仓站,然后从镰仓开始往回游玩。

可以在JR铁路小田急线站内找到自动售票机,使用方法跟购买地铁票是一样的。

① 右上角切换英语

② 点选FREE PASS

③ 选择目的地

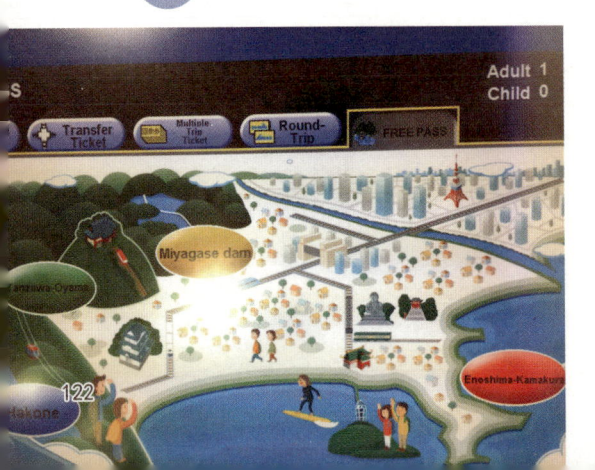

④ 选择人数

从东京去镰仓的话还是推荐镰仓、江之岛一日券，凭券可以一日内往返东京市区及镰仓一次，以及无限次搭乘镰仓市内的江之电，比使用西瓜卡实惠。

⑤ 投现金→出票

凭票可以无限次乘坐江之电，且往返东京与藤泽一次，所以一定要把票保管好哦。

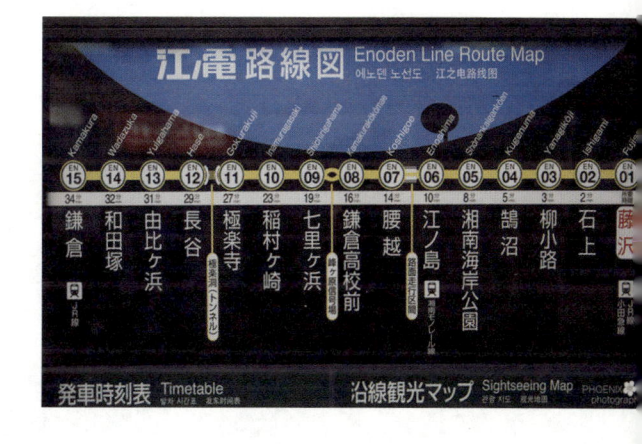

江之电一共15站，几乎站站都是景点，尤其是从江之岛到极乐寺这一段。如果有时间和体力，可以考虑在江之岛下车，从那里徒步到极乐寺，一路美景不断。

列车在居民住宅区穿行，蜿蜒的铁轨仿佛把我们带回到了年代久远的从前。摩托车、汽车、自行车就行驶在列车旁边，列车与居民住宅区之间最近的时候只有不到半米的距离，这也算是一种奇观了吧。江之电的神奇之处就是前一秒它还在居民住宅区里穿梭，下一秒就有可能行驶在广阔的海岸线上，乘客可以切身体验穿越的感觉。

# 《灌篮高手》和铁道口

《灌篮高手》是日本漫画家井上雄彦以高中篮球社团为题材创作的漫画。幽默的樱木花道、忧郁的流川枫、可爱的晴子，看过动画片的我们也幻想过高中的时候，学校里有帅气的打篮球的男生。又是一波童年回忆呀！

就是这个江之电，带我们去看樱木花道、流川枫、晴子！

# 小町通

镰仓站，这站并没有那个浪漫的铁道口，而是有一个商业街——小町通。

125

神奈川県立
鎌倉高等学校

我们折返回来，坐到这站——镰仓高中前，就看到那个打卡圣地铁道口了。

少男少女的烦恼

那是青春的美好

# 长谷寺与镰仓大佛

长谷寺以石雕和可以远眺湘南海岸线闻名。

镰仓大佛位于高德院,离长谷寺300多米,是日本最古老的阿弥陀佛坐像。大佛较平的面相、较低的肉髻和前倾的姿势等具有镰仓时代流行的宋代佛像的风格。镰仓大佛是镰仓时期代表性的塑像,被定为日本国宝。大佛内部为空心构造,可以从佛像背后底部进入参观。

阿弥陀仏

## 《镰仓物语》

在长谷寺可以远眺湘南海岸线。镰仓背靠大山，面朝大海，这不禁让人想起《镰仓物语》这部奇幻电影中的鬼怪文化。镰仓是一个具有浪漫主义色彩的地方。

日本的鬼怪文化其实深受我国《山海经》的影响。在为我国深厚的传统文化感到自豪之余，更希望新一代的年轻人能将其发扬光大。

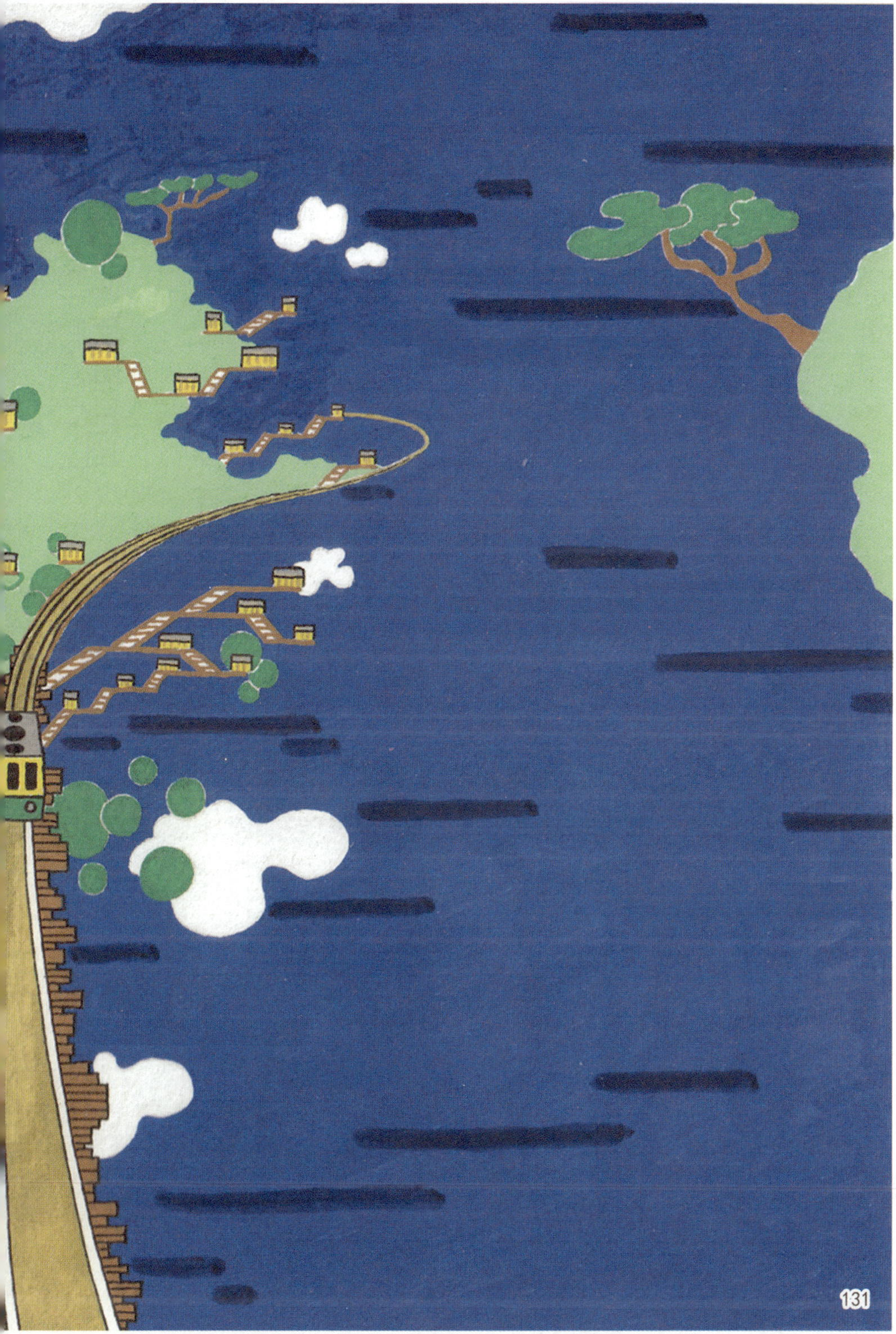

镰仓是《海街日记》的拍摄地，在这里旅行就好像在电影里走了一圈。

# 《海街日记》与极乐寺

《海街日记》是是枝裕和执导的电影，讲述了三姐妹在父亲去世后接纳同父异母的妹妹共同生活的故事。电影中出现的街角的餐馆、火车站、海边、老家的旧房子、樱花树等，把镰仓这座小镇的淳朴完美展现了出来。

极乐寺旁边的小房子，是《海街日记》的取景地。

小卖部

极乐寺

天气渐晚，看到放学的少年、遛狗的居民，我们也要赶回东京了。

INFO

江之电回藤泽的末班车时间是20：02，不过在镰仓住上一晚也是不错的选择。乘坐小田急电铁线从藤泽到东京新宿站约50分钟。

夕阳　海边　童年

## 镰仓的海

天黑了，灯亮了，带着满满的回忆，我们离开了镰仓。

小町通站台上有一个倒地的面包超人。

海边的飙车族在拍照

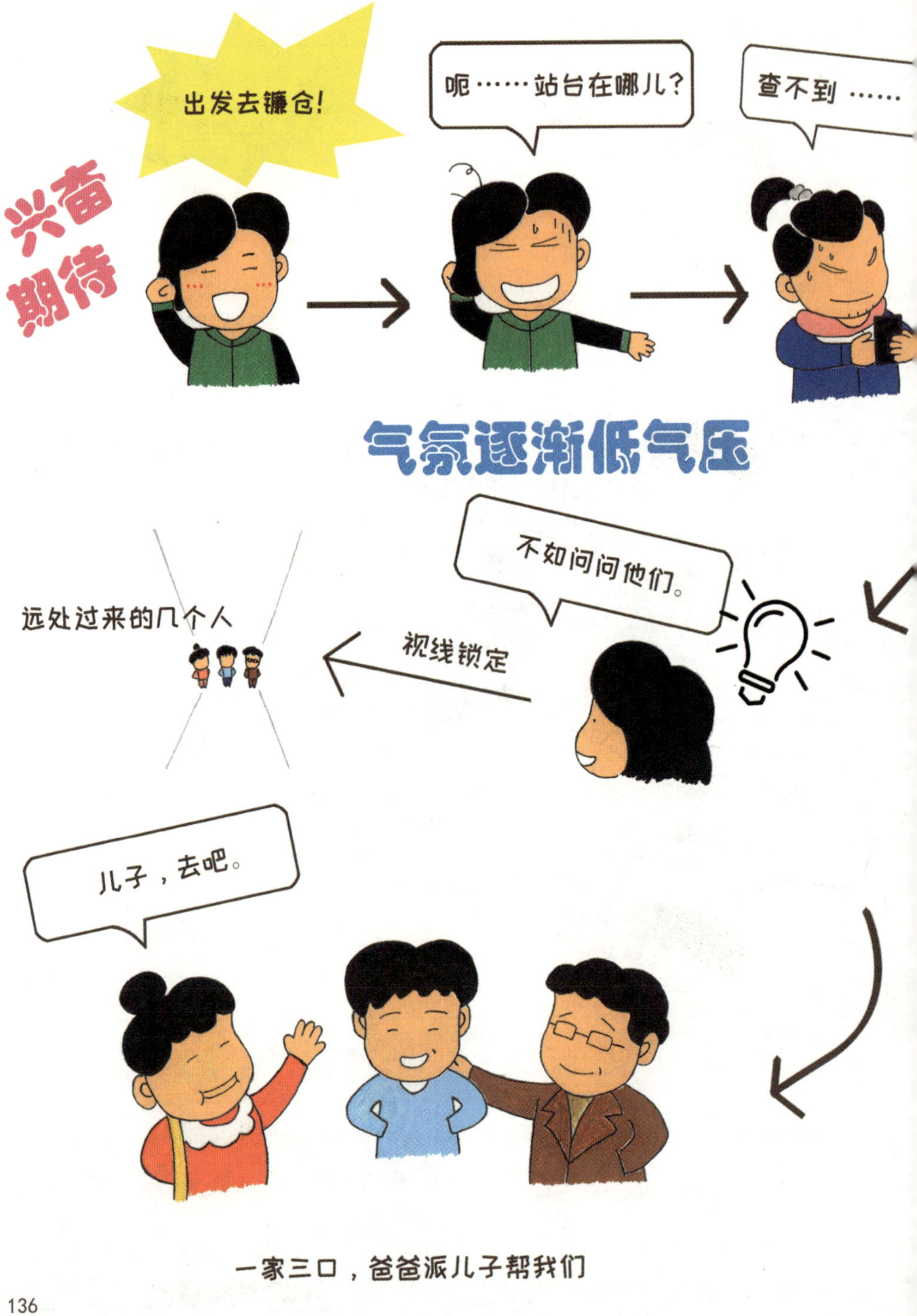
兴奋期待
出发去镰仓!
呃……站台在哪儿?
查不到……
气氛逐渐低气压
不如问问他们。
视线锁定
远处过来的几个人
儿子，去吧。
一家三口，爸爸派儿子帮我们

# 问路的漫画

谢谢。

不客气。

小伙子相当卖力,跑上跑下,帮我们找了好一会儿。

真是不好意思,我也不知道。

还是非常感谢!

新宿站堪称世界最复杂的换乘中心枢纽,也是日本客流量最大的车站。JR、东京地铁、小田急电铁、京王电铁、都营地下铁五家公司的列车可以相互换乘。同一家公司的不同线路之间换乘时需要更换站台;不同公司列车间换乘时需要先出站,再进入下一家对应的车站。

在镰仓，有很多款式的电车。这辆蓝色的有点儿欧洲宫廷风。

镰仓风景

一家复古杂货店

面朝大海 虚度人生

耶

其实人超多的，能拍到单人的相当不容易。大胆跑到前面，众目睽睽之下摆个姿势，还是有点儿尴尬的。

139

# 日语小课堂

> 日语中有很多外来语。

| 藤泽<br>藤沢<br>fujisawa | 酱汤<br>味噌汁<br>misoshiru |
|---|---|
| 电影<br>映画<br>eiga | 篮球<br>バスケットボール<br>basukettobouru |
| 镰仓<br>鎌倉<br>kamakura | 大佛<br>大仏<br>daibutsu |
| 超级便宜<br>超安い<br>chouyasui | 卖光<br>売り切れ<br>urikire |

| 价格<br>価格<br>kakaku | 收费<br>有料<br>yuuryou |
|---|---|
| 免费<br>無料<br>muryou | 咨询、导览<br>案内<br>annai |

讲价说不定能用到哦。

能便宜一点儿吗？
安くしてくれませんか。
yasukushitekuremasenka

请问自动售票机在哪儿？
すみませんが，自動券売機はどこですか。
sumimasenga , jidoukenbaikiwa dokodesuka

不是所有的地方都能用手机支付。我们没有带够现金，去汤本的车票钱差几百日元。

最后想到的办法。

还要扣掉手续费，2张一共扣掉了440日元。

在极乐寺门口看到的电话亭，好窄啊。

# Day7

告别东京，奔向汤本。

**第七天** 到达汤本

1. 六本木的长椅
2. 从东京去箱根汤本的交通攻略
3. 温泉街的食宿

# 六本木的长椅

六本木是一个朝气蓬勃、充满艺术气息的街区。许多知名建筑师和杰出设计师的室外装置艺术都聚集在这里。

这个椅子好像一条随风飘扬的丝带,是设计大师内田繁的作品,他以设计家具闻名。

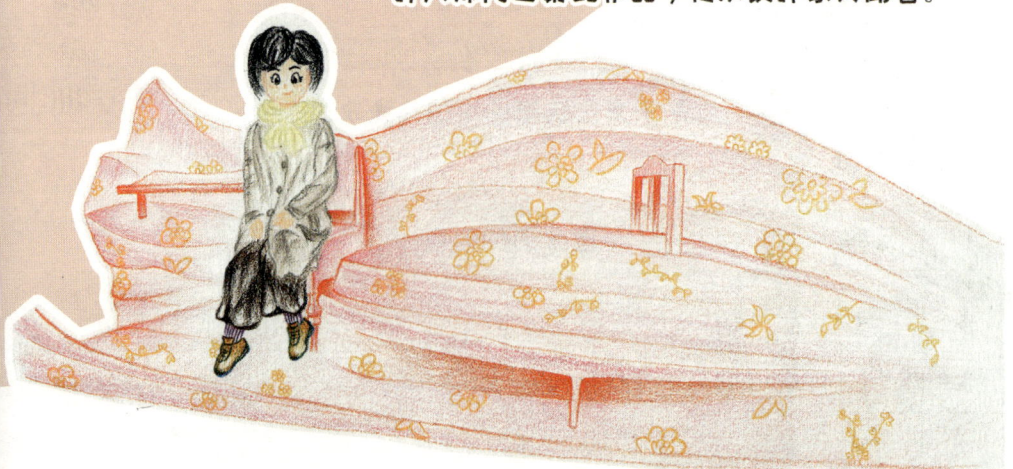

这个椅子叫"Day Tripper No. 31",用披头士在1965年发行的一首单曲命名。

# 白天的六本木小巷

# 从东京去箱根汤本的交通攻略

## 方法一
可先乘坐JR东海道新干线,从东京站出发至小田急站,约40分钟,再换乘箱根登山电车至箱根汤本站,约15分钟,全程费用约2500日元。

## 方法二
从东京的新宿站乘坐小田急电铁线的浪漫特快车至箱根汤本站,约1.5小时,可在车站的自动售票机或新宿站及小田原的旅游服务站服务中心购买车票。

开往汤本的列车

箱根位于日本神奈川县的西南部,是温泉之乡、疗养胜地。绿植覆盖率很高,溪流潺潺,景色秀丽。

到达箱根汤本

# 温泉街的食宿

箱根汤本是温泉度假村，是箱根观光的第一站，温泉街从车站开始，沿早川逐渐发展起来。

温泉街

## 怀石料理

"怀石"是揭怀玉的意思。怀石料理是日本的高档菜，讲求精致，无论餐具还是食物的摆放都要求很高（但食物的量很少），因而被一些人视为艺术品，价格不菲。盛装食物的器具主要有陶器、瓷器、漆器等。

炸鱼

豆腐汤

## 和室

和室是日本传统的房屋样式，地面铺着叠席。由于叠席的大小是固定的，所以通过铺的张数可以知道房间的大小。叠席的日语音译为"榻榻米"，它发源于中国汉代，曾一度盛行于隋唐时期。

# 日语小课堂

| 检票<br>改札<br>kaisatsu | 椅子<br>椅子<br>isu |
|---|---|
| 温泉<br>温泉<br>onsen | 六本木<br>六本木<br>roppongi |
| 猫<br>ねこ<br>neko | 狗<br>いぬ<br>inu |
| 拖鞋<br>スリッパ<br>surippa | 凉水<br>水<br>mizu |
| 理发店<br>理髪店<br>rihatsuten | 寿喜锅<br>すき焼き鍋<br>sukiyakinabe |

日式点心
**和菓子**
wagashi

日式点心日文写作"和菓子",以糖、糯米、小豆等为主要原料。将小豆煮沸去皮后制成豆馅儿,放入糖。豆馅儿通常用糯米包住,制成各式各样的精美点心。

请给我拿这个。
**これを取ってください。**
koreo tottekudasai

有推荐吗?
**おすすめはありますか。**
osusumewa arimasuka

请问能退票吗?
**払い戻しは可能でしょうか。**
haraimodoshiwa kanoudeshouka

日本便利店里基本都卖杂志，有的人就站在那里看，好像也没有关系。

# Day8

汤本以温泉闻名。

## 第八天

《千与千寻》的"汤屋"

1. 窄房子、箱根和平鸟居
2. 箱根景点
3. 《千与千寻》与汤本
4. 在汤本的旅游趣事

# 窄房子

路边的风景也不容错过，从山上的酒店下来时，看见一个门脸好窄的房子。

# 箱根和平鸟居

箱根神社面湖环山,建立于757年,是箱根地区最大的神社。箱根神社的和平鸟居是日本八座著名水上鸟居之一。传说芦之湖里住着很多神灵。

## 旅行总有遗憾,就像人生

没错,我们俩的计划是**走去和平鸟居!**

当然不可能,但是不甘心。硬着头皮走了一段,最后还是放弃了。

走不到的

## 箱根景点

**和平鸟居**是日本比较著名的水上鸟居，立在芦之湖上，很有意境。

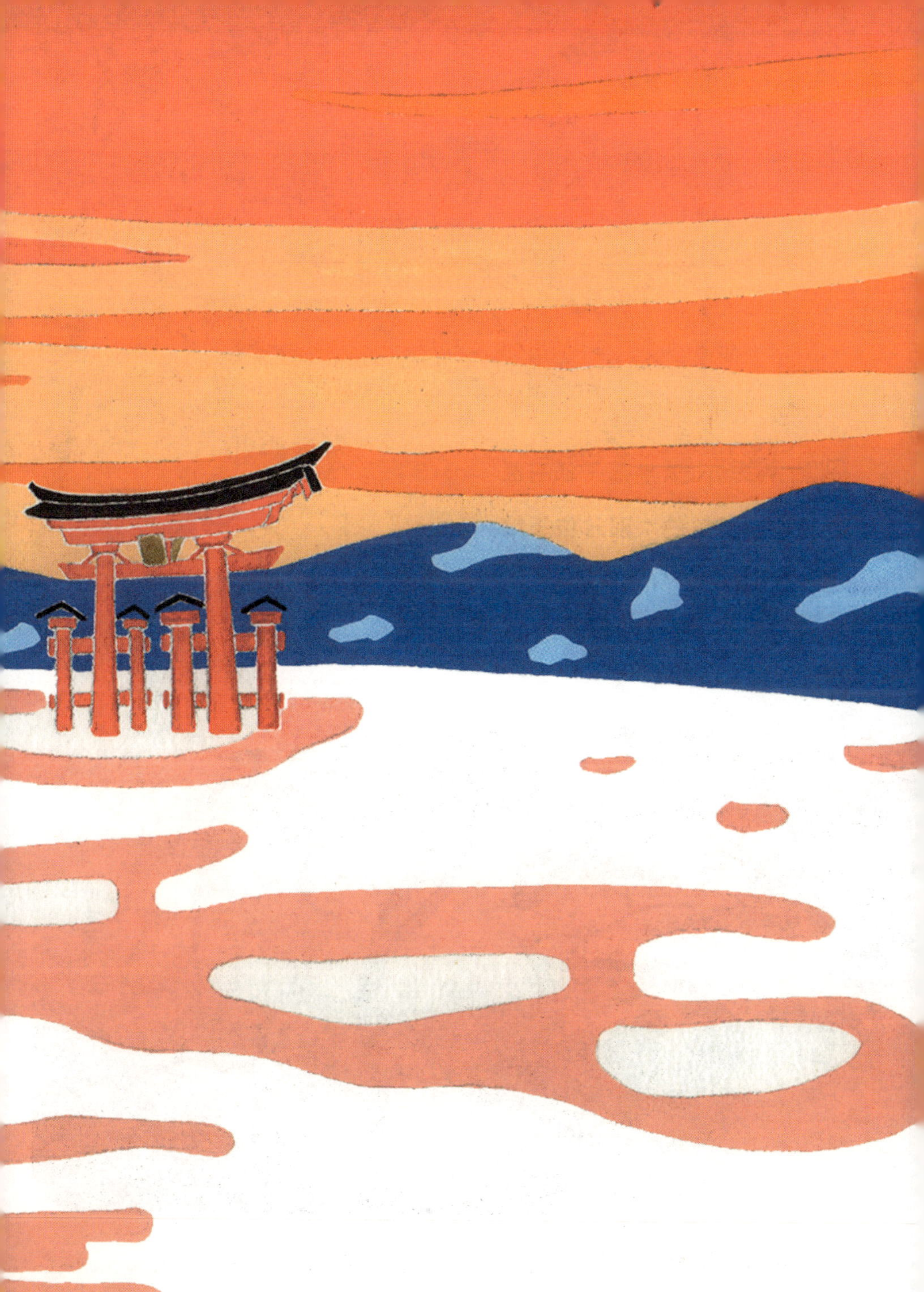

**POLA美术馆** 坐落于仙石原森林中。建筑的大部分位于地下。馆内收藏有约一万件作品，包括莫奈、雷诺阿、梵高等的画作。

**恩赐箱根公园** 正对着富士山，还可俯瞰芦之湖。园内种着各种名贵花草树木，四季景色怡人，是疗养胜地。

**雕刻之森美术馆**是日本首家室外美术馆，有约120个近现代具有代表性的雕刻家的名作。

箱根有很多博物馆和公园，这里整理了一些著名景点供大家参考。

**大涌谷**是箱根火山最后一次爆发形成的火山口遗迹，它形成于3000年前。在那里可以观看富士山秀美的山姿。大涌谷还以被雅称为"黑玉子"的温泉水煮蛋而享誉全球。

# 《千与千寻》与汤本

在汤本的主街道上，我们看到一个房子和《千与千寻》里的"汤屋"很像，而且门口也有一座桥。

连房子的侧面也很像"汤屋"。

站在桥上,好像 cosplay《千与千寻》。

附近有玉帘瀑布、飞烟瀑布和玉帘神社，这处台阶的风景挺好。

汤本玉帘神社

我们住的青年旅社大厅

一处好看的住宅

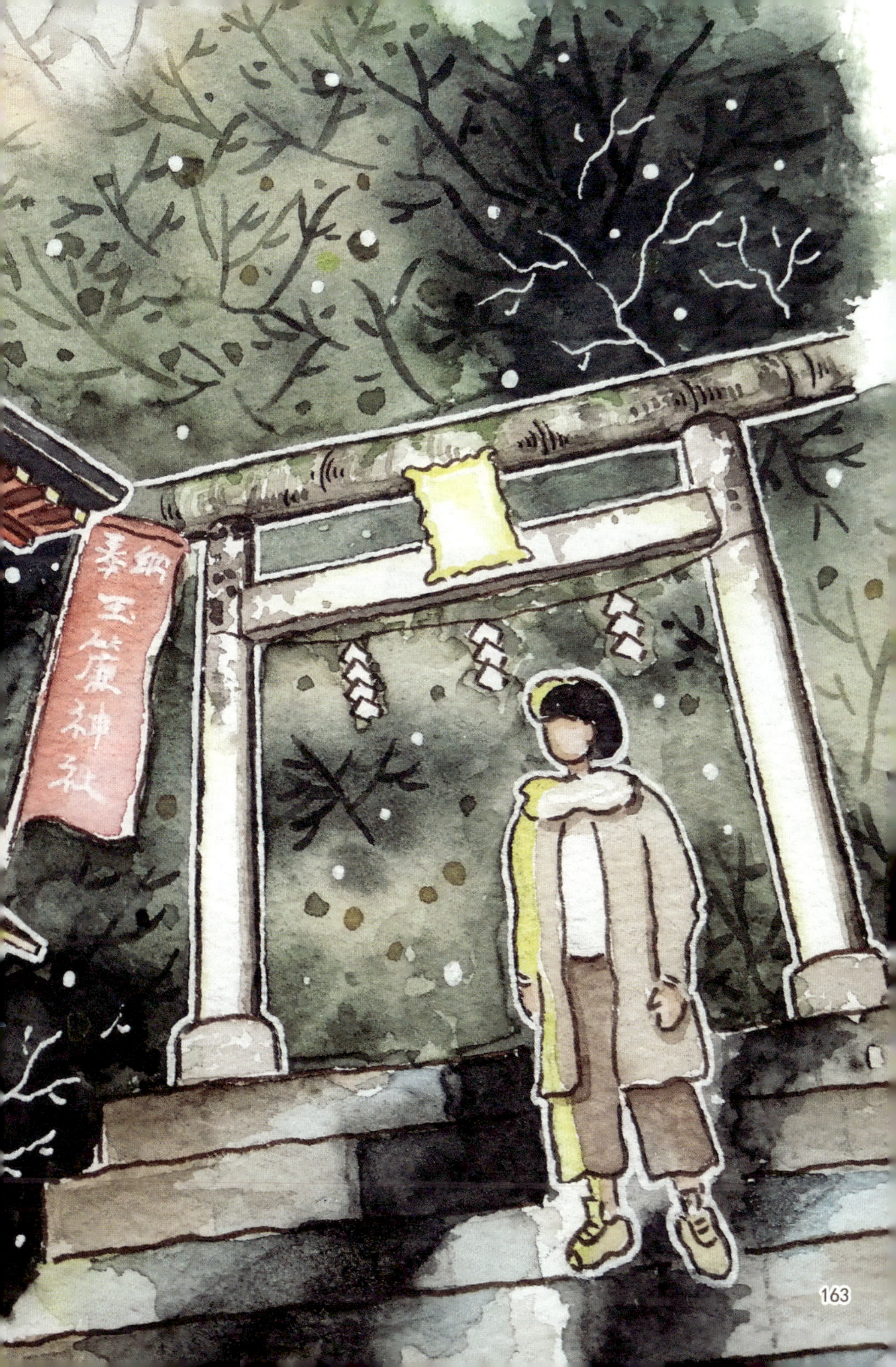
奉納
玉簾神社

贵

弹起

惊掉下巴

**晚上**桃桃拉肚子，去了几次厕所。有一次好久没回来，我有点儿担心，想出去看看，结果拉开帘子见到一个金发的白胖子在脱衣服，我吓了一跳，原来他是深夜才到的旅客。

## 在汤本的旅游趣事

**在汤本住的酒店**是合租的房间，我们的双人床位在房间的最里面，有一个帘子遮挡。然而就这一张床一晚要500多元人民币，真的是很贵啊。

白花花的肚皮

**第二天**，看到他在擦拖鞋，可能是在打工挣钱吧。

在打工？

有时候有点儿羡慕外国人边打工边游走四方的生活，但是自己没有这个勇气。

↑ 还没擦好

↑ 擦好的

## 问路漫画

这趟车的方向不知道对不对。

我们专挑一家三口下手。

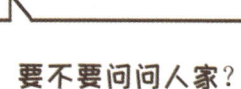

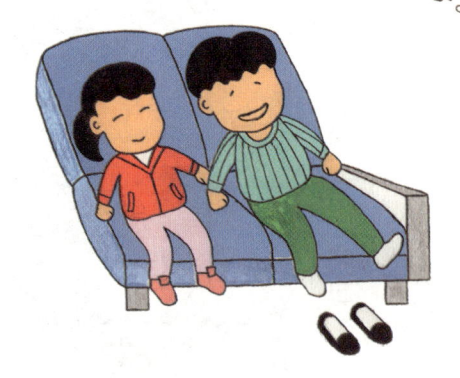

要不要问问人家?

其实过程都是鸡同鸭讲,对话的内容大概是上述那样,感谢好心人的帮忙。

你好,请问这趟车去京都吗?

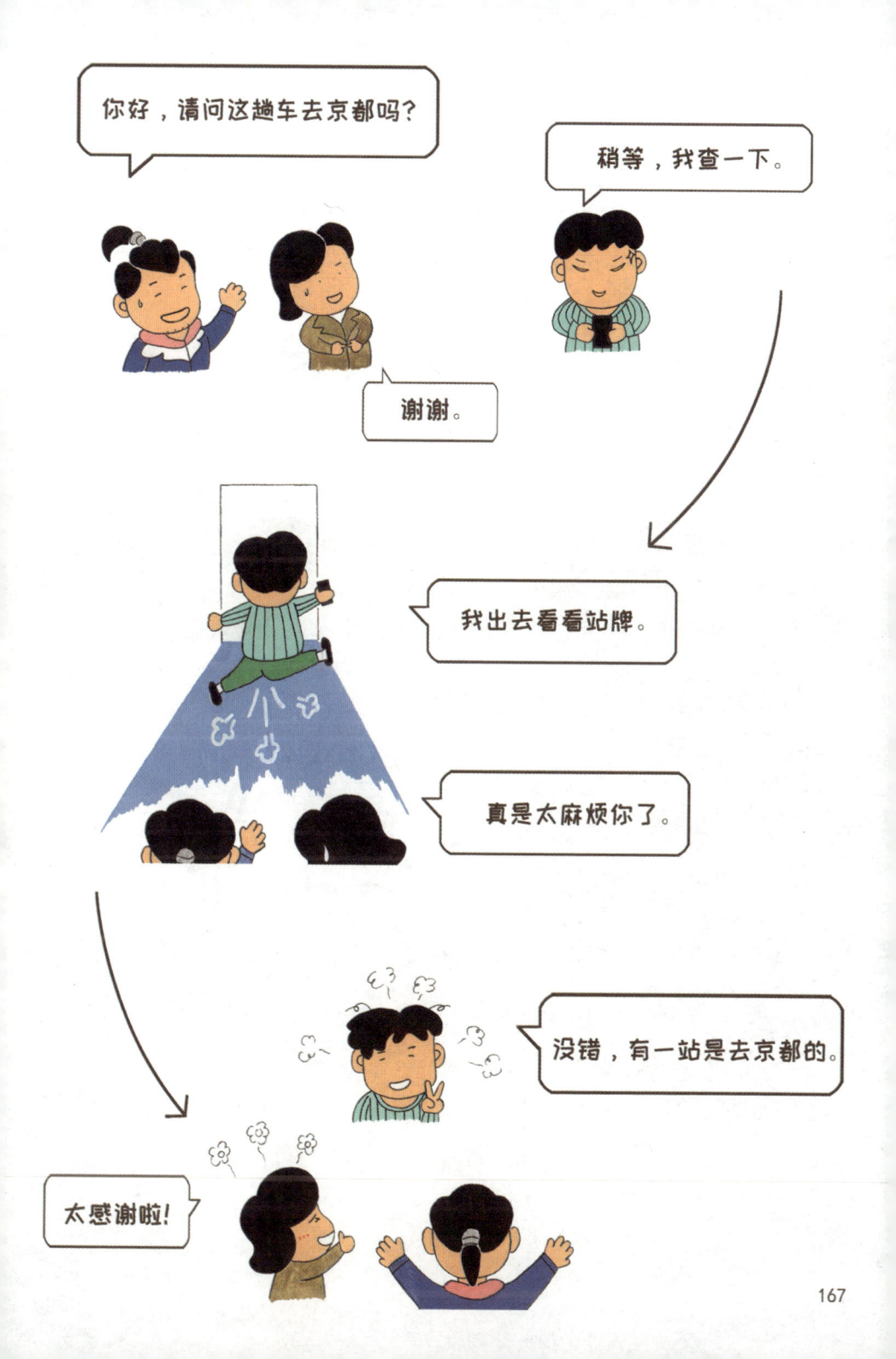

稍等,我查一下。

谢谢。

我出去看看站牌。

真是太麻烦你了。

没错,有一站是去京都的。

太感谢啦!

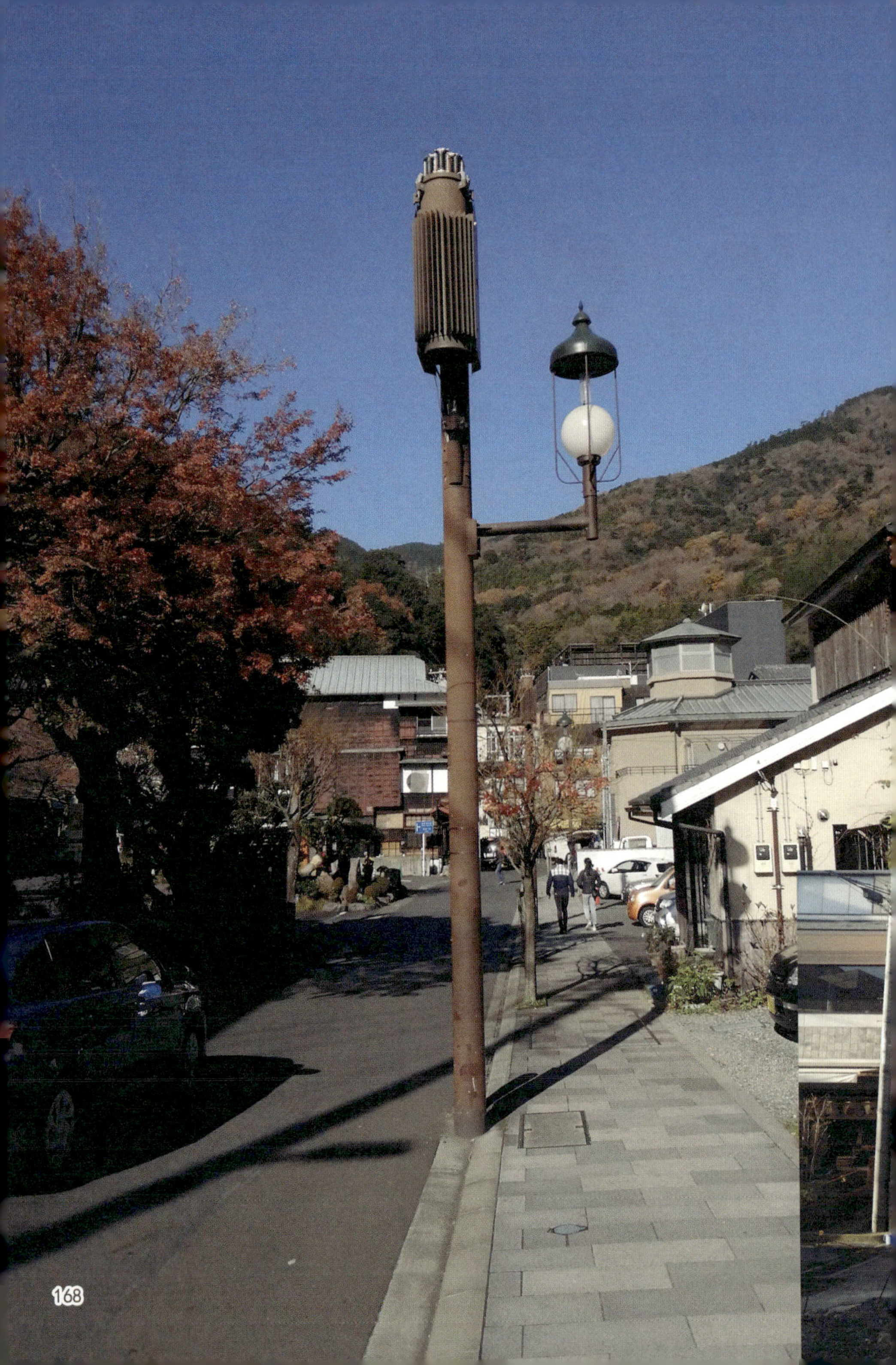

汤本风景

酒店后面下山的小路

一处破房子

离开汤本前，喝瓶饮料

# 日语小课堂

| 背包客<br>バックパッカー<br>bakkupakkaa | 漂亮<br>きれい<br>kirei |
|---|---|
| 瀑布<br>滝<br>taki | 贵<br>高い<br>takai |
| 寺庙<br>寺<br>tera | 拉肚子<br>下痢をする<br>geriosuru |
| 山<br>山<br>yama | 打折<br>割引<br>waribiki |
| 医院<br>病院<br>byouin | 怎么了？<br>どうしたの。<br>doushitano |

我要吃了。
いただきます。
itadakimasu

快点儿读起来就像唱歌一样。

### 日语1到10

一：いち ( ichi ) 二：に ( ni ) 三：さん ( san )

四：よん ( yon ) / し ( shi ) 五：ご ( go ) 六：ろく ( roku )

七：しち ( shichi ) / なな ( nana ) 八：はち ( hachi )

九：きゅう ( kyuu ) / く ( ku ) 十：じゅう ( juu )

叠席
畳
tatami

在汤本住的酒店里，脸脸泡温泉的趣事。

温泉税 300日元/人
交过税的不用就亏。
温泉→
走来一路
两个门一模一样
??

oh～Yeah～
外国男人的声音。
…安静…
这间应该是女生温泉。
突然想起
哈哈哈
无缘
没带泳衣也不知道里面有没有卖的，敢推开门……

汤本的这个路灯很像《千与千寻》里有只手的那个路灯。

在汤本住的酒店里，桃桃突然找不到手机了，后来发现掉在床缝里了。

手机没了
怎么办
墙面 床板 缝

# Day 9

京都从公元794年至公元1868年一直是日本的首都。城市格局借鉴中国唐朝的西京长安和东都洛阳。《名侦探柯南：迷宫的十字路口》中介绍了京都众多有代表性的景点。

第九天　来京都了

1. 壹钱洋食、三年坂二年坂
2. 清水寺
3. 锦市场、锦天满宫
4. 五条大桥与鸭川
5. 先斗町

# 壹钱洋食

壹钱洋食是京都一家烧烤小吃店,价格实惠,就在祇园附近。门口的装饰生动、特别。

# 三年坂二年坂

三年坂二年坂是两条相互连接的路（坂是斜坡的意思），是日本重要的传统建筑物保护地区。道路两旁保留了红壳格子和虫笼窗式的古老町家建筑，很有韵味，多为纪念品商店。路上可看到八坂塔。

来的时候路过的八坂塔

清水寺内的一处平台，可远眺京都市。

入口山门

# 清水寺

清水寺始建于778年，主要供奉千手观音，是京都最古老的寺院。名字来源于音羽瀑布，此瀑布有三个源流，其寓意分别为长寿、学业有成、爱情顺利。

爬坡去清水寺的路上，两侧都是小店铺，卖各种美食和小饰品。

锦市场内部
彩色棚顶

锦市场门口

300日元

豆乳ソフトクリーム

这里很多摊位提供免费试吃，有章鱼丸、甜品、酱菜等。

# 锦市场、锦天满宫

"锦市场没有您找不到的食物。"锦市场被誉为京都的厨房,全长400米,由五个街区组成。

锦市场走到尽头就看到了锦天满宫,神社内有各式护身符。锦天满宫内涌出的泉水被称为锦之水,是京都名水,可以直接饮用。

很多人来这里祈福

**INFO**

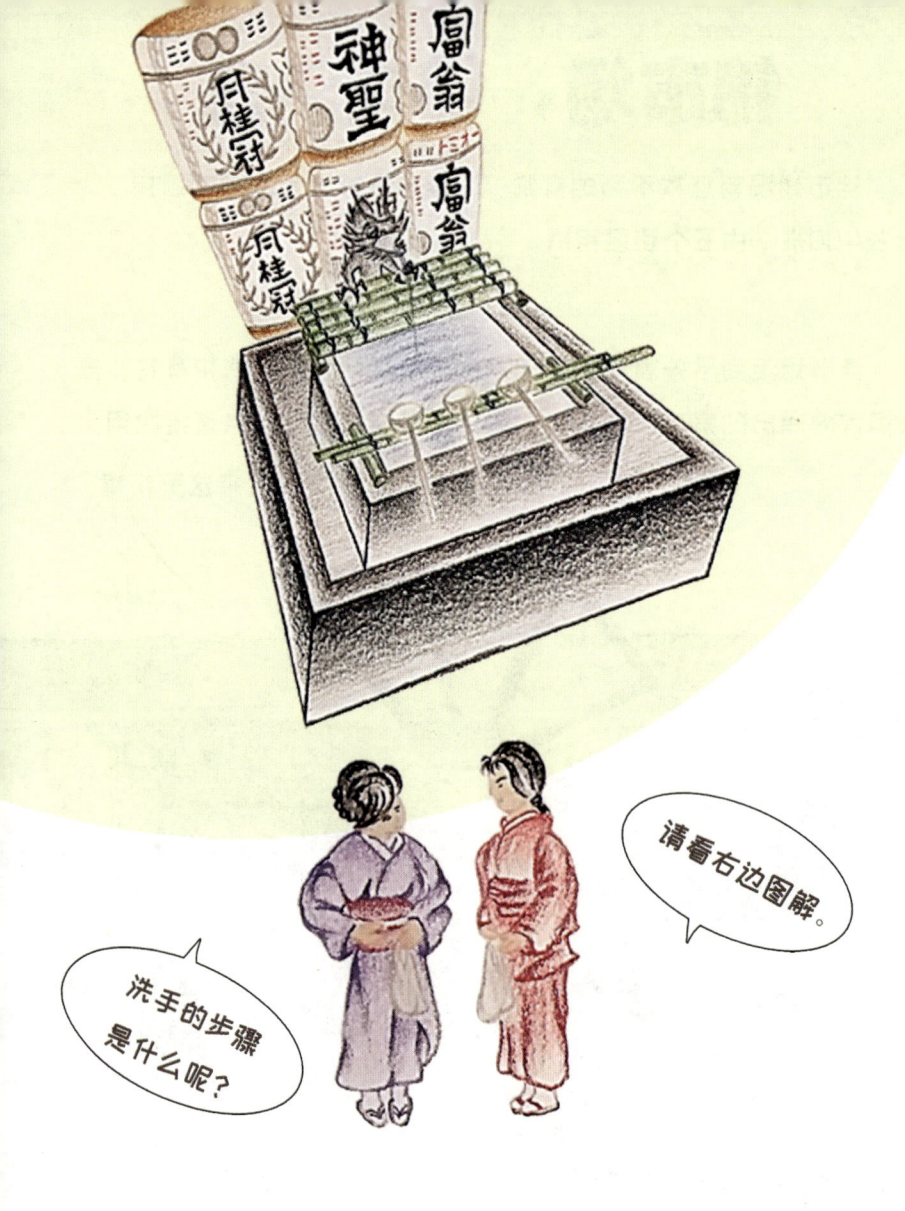

**箱根汤本到京都**

从箱根汤本站乘箱根登山电车至小田原站即可换乘前往京都的JR列车，车程约3个小时，费用约13000日元。

# 锦天满宫

## 洗手的步骤

① 用右手拿起长柄勺舀水洗左手。

② 再换手洗右手。

③ 然后用右手舀水倒入左手掌中，由左手把水送入口中漱口。记住不可以用嘴直接对勺喝水，不可以把漱口水吐入清水槽中。

④ 把勺放好。

# 五条大桥与鸭川

京都和夜

　　五条大桥是京都市鸭川上的一座桥梁，从桥上可以远望东山。《名侦探柯南：迷宫的十字路口》中，柯南和服部就是在此不期而遇的，桥上有源义经和弁庆的雕塑。

　　弁庆是平安时代末期的僧兵，源义经的家臣。他的经历常被当作歌舞伎、影视剧、历史小说等的素材。

　　鸭川长31公里，是京都市有代表性的河。河流十分清澈，穿过京都中央。在古代，居民已经住在河流的两旁，特别是西岸及南岸。祇园在鸭川的中央，四周有许多商店，这里可以欣赏鸭川美丽的景致。

已婚妇女后背是枕头形，
未婚少女后背是花形。

先斗町是位于京都市三条大道和四条大道之间的南北走向的石板小街，江户时代允许艺伎营业后发展成为"花街"。

在京都市中京区先斗町京阪本线三条站出站，向西过河即达。

INFO

恰巧看到艺伎了。

先斗町

回忆被风吹起一角。

## 京都街景

桃桃在塔前留影。

远处的八坂塔,在三年坂二年坂的小巷里。

规划好的旅游线路，还有花费的时间估算，在地铁站可以获取。

桃桃在先斗町的回眸

为了一棵树而做的曲面造型的建筑

本来也想画这张的，后来太懒了，就看照片吧。壹钱洋食街对面

187

# 日语小课堂

今天的单词也不难，按照罗马字慢慢读。

| | |
|---|---|
| 五条大桥<br>**五条大橋**<br>gojouoohashi | 清水寺<br>**清水寺**<br>kiyomizudera |
| 锦市场<br>**錦市場**<br>nishikishijou | 先斗町<br>**先斗町**<br>pontochou |
| 神社<br>**神社**<br>jinja | 男孩儿<br>**男の子**<br>otokonoko |
| 服务<br>**サービス**<br>saabisu | 女孩儿<br>**女の子**<br>onnanoko |

豆浆
**豆乳**
tounyuu

冰激凌
**アイスクリーム**
aisukuriimu

和服
**和服**
wafuku

火车
**電車**
densha

富士山
**富士山**
fujisan

了解一下富士山吧。

富士山高度约为3776米，是日本最高峰，横跨静冈县和山梨县，是世界上最大的活火山之一。每年7—9月可以登富士山，步道只有夏天开放。

清水寺

一位男子一路背着爱犬去清水寺，坐下来休息时很多人围观。

# Day 10

伏见稻荷大社连绵的千本鸟居很壮观，是游客必去景点。

## 第十天　伏见稻荷

1. 伏见稻荷大社
2. 千本鸟居
3. 京都市内闲逛
4. "柯南"巡礼
5. 南座歌舞伎剧场
6. 京都名胜巡礼
7. 松屋

我是一只狐狸,是稻荷神的使者。在伏见稻荷地铁站能看到很多我的图案和雕塑。

总是忍不住和火车照个相。在对面坐车,可以直达伏见稻荷。

# 伏见稻荷大社

日本的稻荷神社至少有3万座,京都的伏见稻荷大社是总社。这座神社初建于公元8世纪,是京都最古老、香火最旺的神社之一。《名侦探柯南:迷宫的十字路口》片尾曾以伏见稻荷大社的千本鸟居作为背景。

本殿是五间流造建筑。现存本殿为1499年重建，是日本的重要文化遗产。本殿的确很漂亮，红色、绿色、金色搭配得很亮眼，巨大的屋檐好像有一种无形的力量在吸引游客。

神社建筑有个特点，入口屋檐是弧形的，这是和寺庙建筑最明显的区别。

越往上走，人越少

**千本鸟居**

从本殿到稻荷山最高峰，来回约4公里。

上山这一路，一直阴雨蒙蒙，山林里湿气很重。近处的鸟居被洗得格外鲜艳，远处的风景雾蒙蒙的看不太清。这条路好像走不到尽头似的。

步行上山途中，能看到参道旁有很多刻着神明名字的石碑，即"御冢"。那都是信徒们以稻荷神的别名供奉参拜的神迹福地。

## 未登顶

上山有点儿累，
体力真是堪忧，
所以决定下山，
风景依然不错。

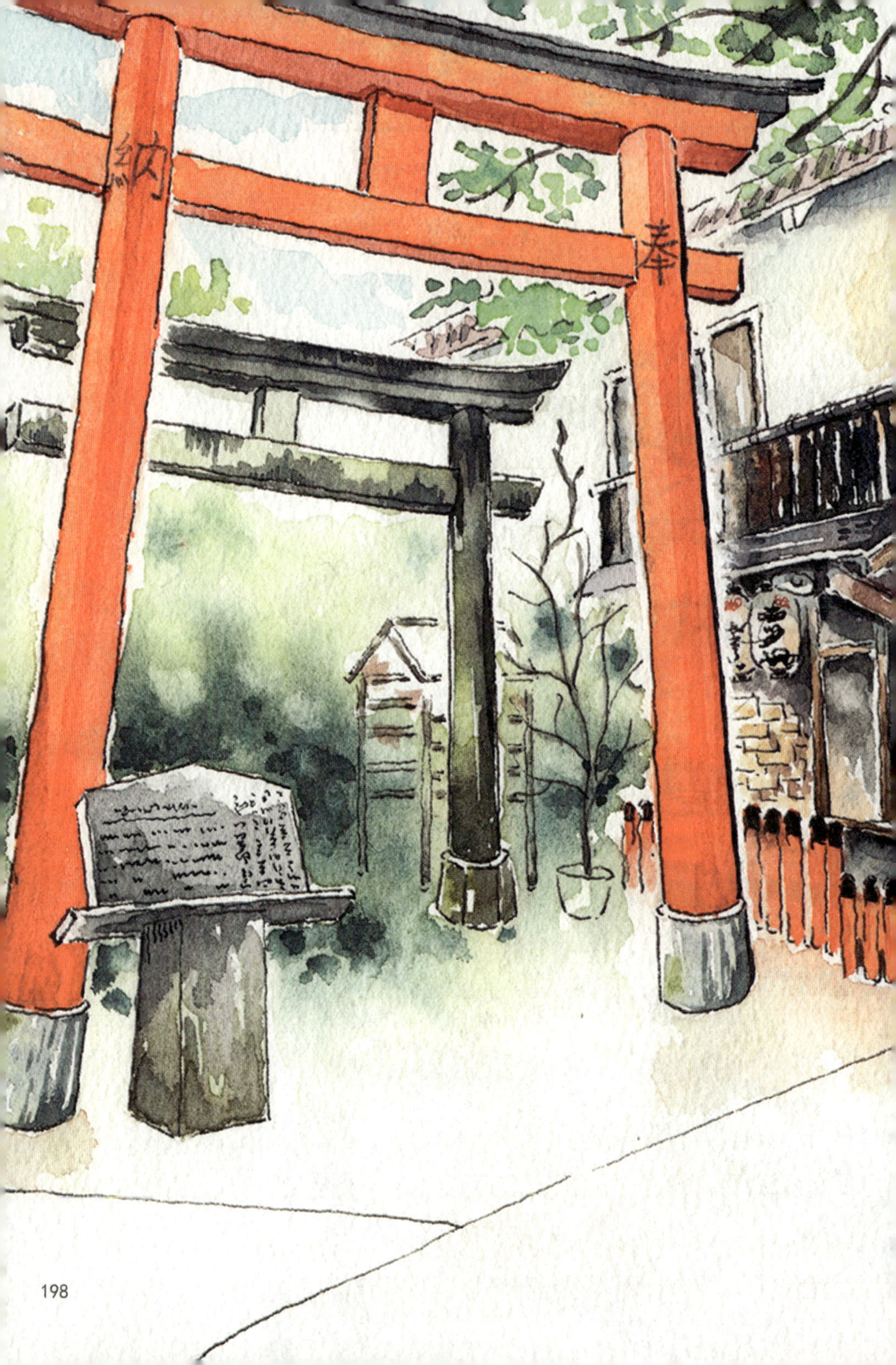
纳
奉

199

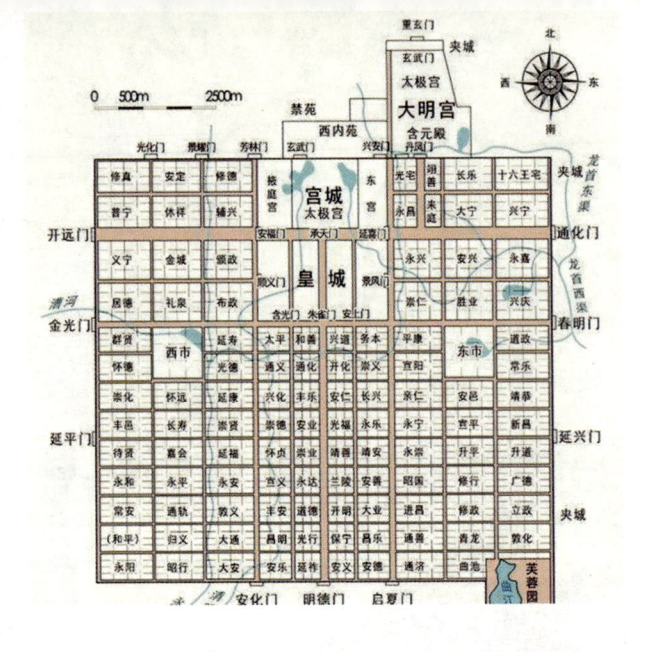

唐长安城平面图

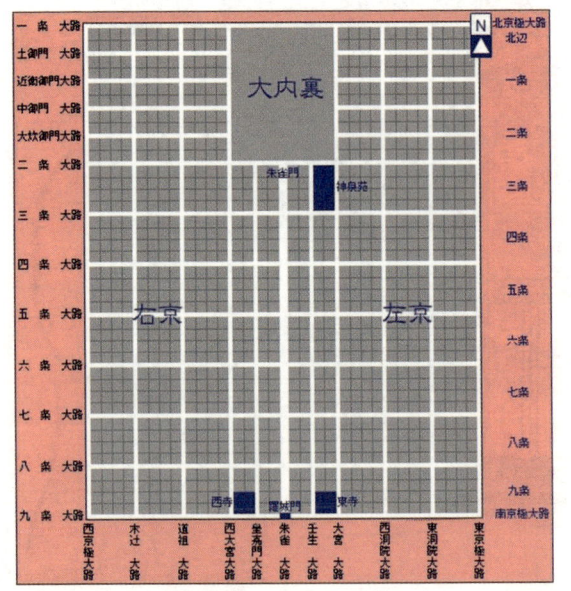

平安京（现京都）平面图

**你知道吗？**

京都的特产抹茶并非日本首创，唐宋时期的中国人都用这种方式饮茶，直到元朝之后才开始流行泡茶。

# 京都市内闲逛

　　公元7世纪，日本天皇派遣使节前往长安，全面学习包括汉字在内的中华文化。日本天皇在了解了大唐都城长安和洛阳的繁华后，仿造了一座都城，即平城京（现奈良）。

　　百年后由于权力斗争，天皇决定再造一座都城，这次几乎将唐朝的一切都复制过去了，即平安京（现京都）。

　　平安京的建筑与整体规划都再现了当时的唐朝都城。城市东西两大区域分别命名为"左京"和"右京"，中轴线命名为"朱雀大路"，而且佛教也在这时从中国传入日本，并在此扎根。

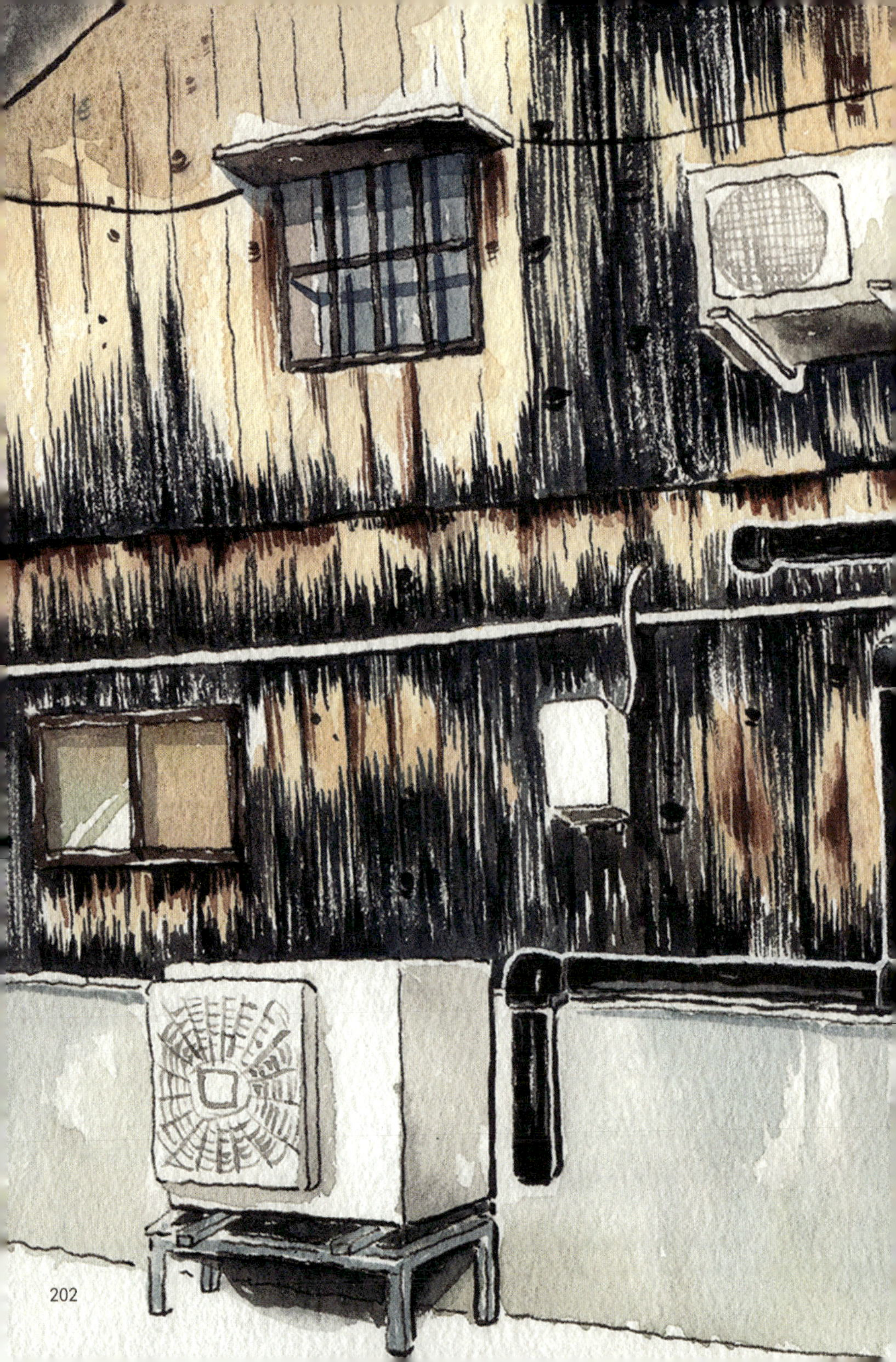

这是一家酿酒厂，熏黑的木板做成的外墙很有特色。

# 城市里的角落

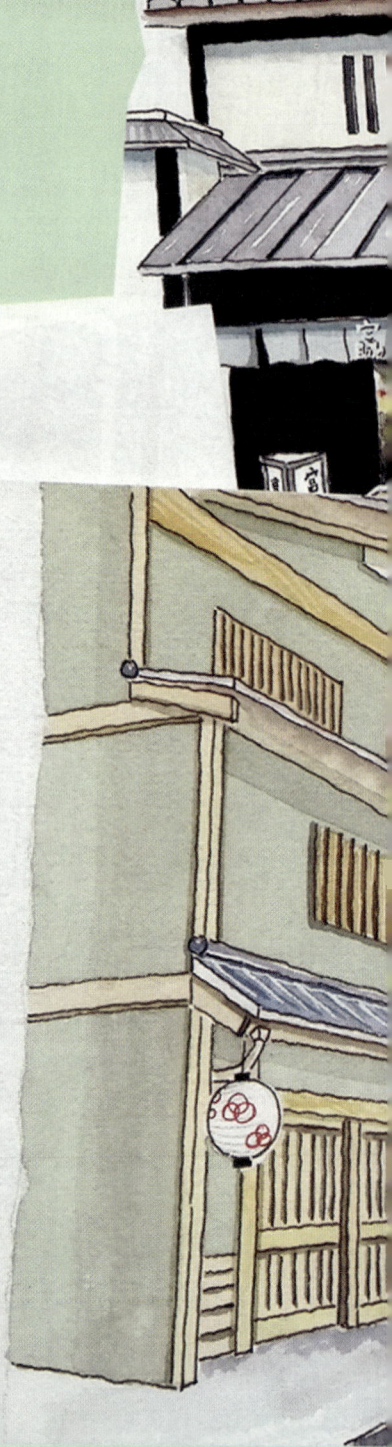

京都古朴文雅的住宅随处可见。

绿色硅藻泥墙面

一个扇子店
黑色的墙

鸟居

205

京都有很多寺庙，三五步就能看到一座。

西福寺

子育地蔵尊

# "柯南"巡礼

六角堂门口

侦探事务所在2楼，3楼是他们一

沉睡的小五郎

阿笠

毛利

《图书馆杀人事件》那集真是童年阴影。

住的地方，1楼是咖啡厅。

小兰在准备茶水

小五郎的秘密工作室

少年侦探团

卫生间

楼梯间

事务所 全景图

小学的时候开始看"柯南"，现在人到中年，还没更完。

### 南座

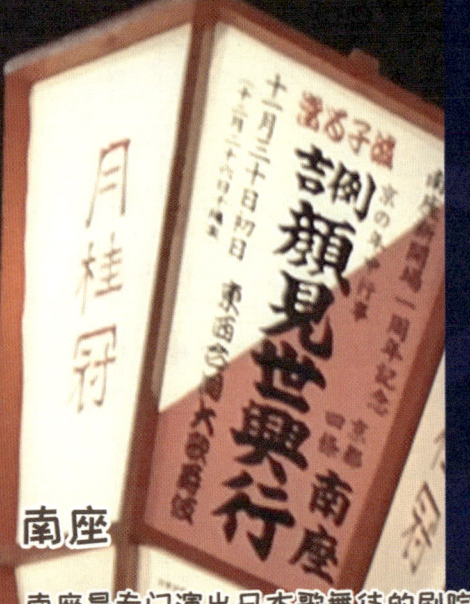

南座是专门演出日本歌舞伎的剧院，位于鸭川河畔，十分醒目。歌舞伎已有400多年历史，歌舞伎演员在日本有很高的社会地位。每年12月，京都南座都有固定的年终盛大公演，称为颜见世，其他时间则不定期公演。

# 南座歌舞伎剧场

211

## 金阁寺

鹿苑寺位于日本京都市北区，是临济宗相国寺派的寺院。寺院中内外都贴满了金箔的三层楼阁建筑舍利殿被称为金阁，包括舍利殿在内的整个寺院也被称为金阁寺。

## 京都名胜巡礼

《名侦探柯南：迷宫的十字路口》里面，服部就是在鞍马寺里寻找线索的。

天狗是日本神话传说中的一种生物。天狗有又高又长的红鼻子与红脸，手持团扇、羽扇或宝槌，身材高大，穿着"山伏"（日本服饰的一种），背后长着双翼。

# 岚山

岚山是京都市的另一个有代表性的观光地，以枫叶和樱花而知名。由嵯峨野观光铁道公司运营的岚山小火车也是著名景点。

鞍马寺的天狗

# 松屋

1966年6月，瓦营利夫在江古田开设了专营牛肉饭和烤肉的"松屋"，至今该店仍是松屋的1号店。松屋的餐品跟1号店的位置有莫大的关系。当时江古田附近有许多学校，也住着不少单身上班族。在午饭时间光顾的学生偏好牛肉饭，而晚间光顾的上班族则偏好咖喱饭和套餐。

松屋在进门处设有点餐机，选择好自己想点的套餐后投入零钱，会得到一张餐券，然后找到位子坐下，服务员就会过来收走餐券，五分钟左右热腾腾的饭菜就会端到你面前。松屋平均消费不贵，一般套餐包括主食、酱汤和蔬菜沙拉。

原材料涨价，目前价格大概如下：
小碗牛肉饭： 330日元
平碗咖喱饭： 490日元

不同的点餐机，这种已不多见。

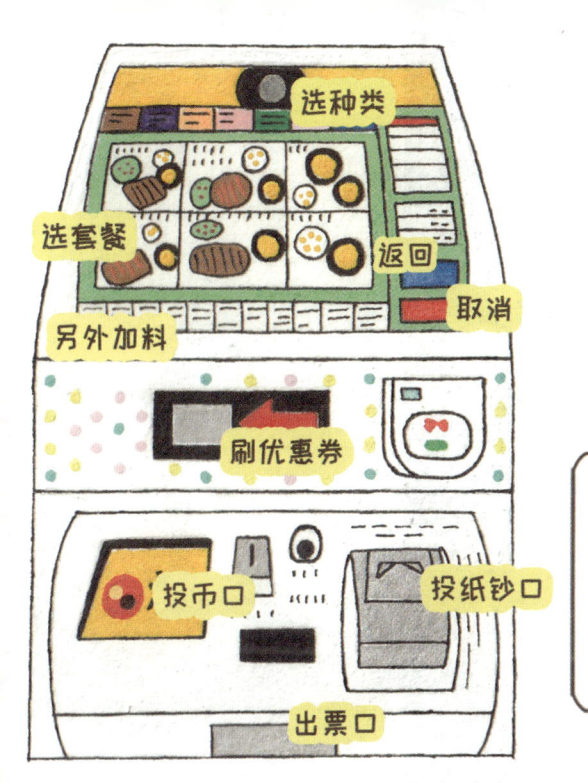

机器上也贴了操作步骤，还是很容易明白的。

选种类
选套餐
返回
取消
另外加料
刷优惠券
投币口
投纸钞口
出票口

松屋真的是救了我们的命，在京都的时候，全靠松屋吃饱饭，味道还是不错的。

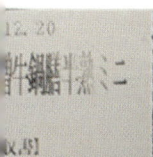

"定食"指"套餐"

"特盛"指"大份"

松屋店铺

祇园这次只在门口看看。

味道还不错！

从地铁里走上来，看见一个小男孩儿在玩翻花绳。看来身上重重的东西并没减少他的兴致。

谢谢！

# 京都旅行趣事

在松屋消费可用支付宝和微信结账,饭菜便宜可口。

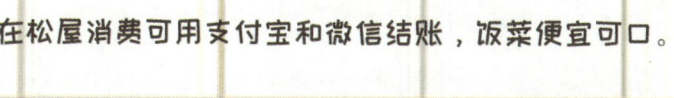

猪肉豆腐酱汤 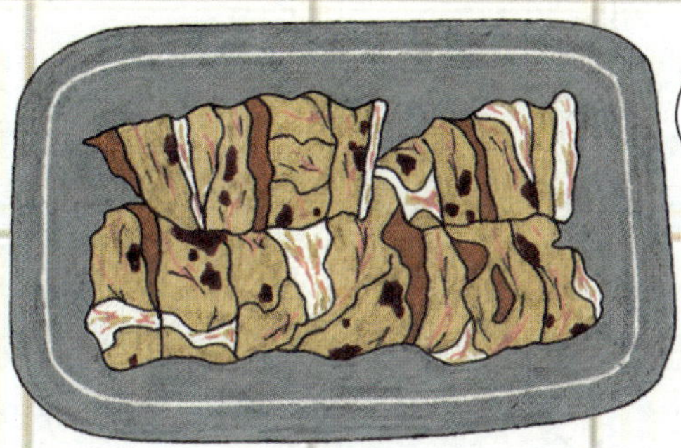　　　　五花肉

可以经常换套餐吃。

在千本鸟居,有游客主动帮我们照相。

# 日语小课堂

| | |
|---|---|
| 真相只有一个。<br>真実はただ一つだ。<br>shinjitsuwa tadahitotsuda | 感受痛苦吧。<br>痛みを感じましょう。<br>itamio kanjimashou |
| 托您的福<br>おかげさまで<br>okagesamade | 你还好吗？<br>お元気ですか。<br>ogenkidesuka |
| 够了。<br>もうけっこうです。<br>moukekkoudesu | 真的吗？<br>本当ですか。<br>hontoudesuka |
| 不会吧？<br>まさか。<br>masaka | 该死的<br>くそったれ<br>kusottare |
| 吵死了<br>うるさい<br>urusai | 算了吧。<br>まあいいや。<br>maaiiya |

# 二次元日语台词

帮大忙了。
たいへん助かりました。
taihentatsukarimashita

你这家伙
この野郎
konoyarou

这是真货吗？
それは本物ですか。
sorewa honmonodesuka

你就是凶手。
君が犯人だ。
kimiga hanninda

等一下。
ちょっと待って。
chottomatte

笨蛋
ばか
baka

不愧是
さすが
sasuga

糟了。
しまった。
shimatta

你有空吗？
暇ですか。
himadesuka

原来如此
なるほど
naruhodo

在锦市场的趣事。

伏见稻荷下山路

# Day 11

大阪的夜景很好看。

第十一天　来大阪了

**1**　难波好难

**2**　通天阁

**3**　道顿堀的夜

大阪车站出来,一路上看到很多雕塑。

贯穿大阪南北的主干道御堂筋,是大阪最著名的街道,据说建造时参考了巴黎的街道。11月之后,满地金色的银杏树叶,是这条路的特色。

难波好

大阪 難波
近鐵綫
阪神綫

1小时

网上预订的大阪交通卡要到大阪难波车站取票。明明就在附近，硬是绕了一个多小时才找到。

# 通天阁

通天阁建于1912年，是大阪市地标性建筑之一，外形仿照埃菲尔铁塔，是当时的亚洲第一高塔。

**INFO**

大阪市浪速区惠美须东1-18-6
大阪地铁御堂筋动物园前站下车即达

## 通天阁商业街

> 通天阁下面的商业街，特别适合拍照。

最显眼的当数比利肯

> 介绍一下京都到大阪的交通。

搭JR京都线最快，约30分钟，票价540日元。JR京都线共有三种车次，从快至慢，分别为："新快速"，停站最少，约30分钟；"快速"，约45分钟；"普通"，约60分钟。三种车次均为540日元。

也可选择从京都四条河原町乘阪急电铁至大阪阪急梅田站，约50分钟，票价390日元，可在自动售票机上购买。售票机只接受1000日元及以下面值的货币。京都出町柳站、屋桥站、中之岛站也可乘京阪电车至大阪淀屋桥或中之岛站，约50分钟，票价400日元。

比利肯是祈求家庭和乐、商业繁盛之神。

# 昭和丸

祝
大漁

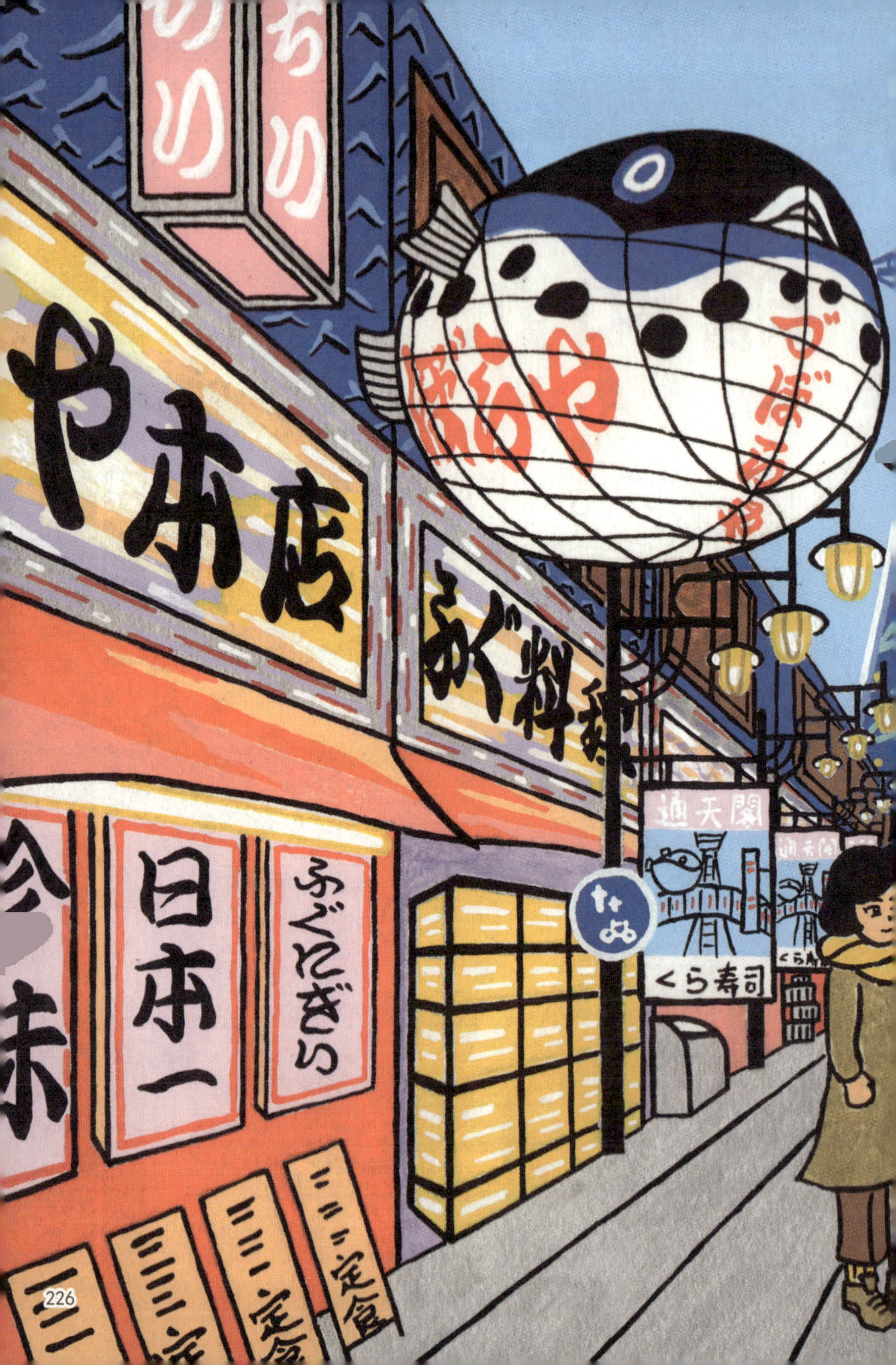
ふぐ料
日本一
ふぐにぎり
通天閣
くら寿司
定食
定食

串かつ
ねぎ
にく
芋
I ♡ 通天閣
社会イノベーションの
新世界
日本一の
横綱
うまいぜ〜!!
横綱ソース
海幸串かつ
二度漬け御免!!
通天閣
くら寿司
食 串かつ
300円

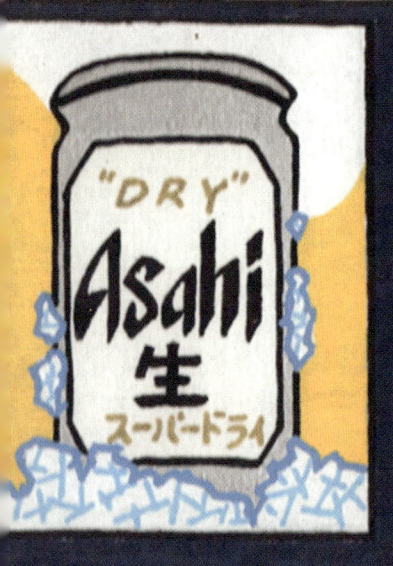

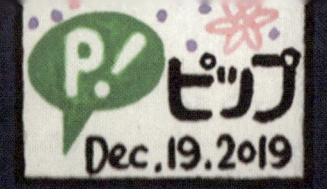

道顿堀是大阪最著名的商业街，
室外广告和霓虹灯连成了一片。

INFO

大阪市中央区道顿堀
大阪地铁御堂筋线难波站14出口向北步行3分钟

道顿堀的夜

## 深夜联想

大阪的酒店有点复古，感觉像上个世纪八九十年代的。旅游已接近尾声，十几天的行程很充实。一路上有回忆童年、小马路闲逛、动漫巡礼，也有城市之间的奔波赶路。开心、兴奋的同时也有些疲惫了。

脸脸睡这儿

因为想太多，脸脸失眠了，桃桃睡得很香。

**大阪永井居住旅馆**

大阪县2-6-21　270元/晚

入住16:00~00:00　退房10:00之前

INFO

酒店内的场景

24小时前台服务，靠近西田边站、JR鹤丘站。周边居酒屋、便利店很多，是安静的居民区。有冰箱、热水壶，无洗漱用品，附近有通天阁、四天王寺。

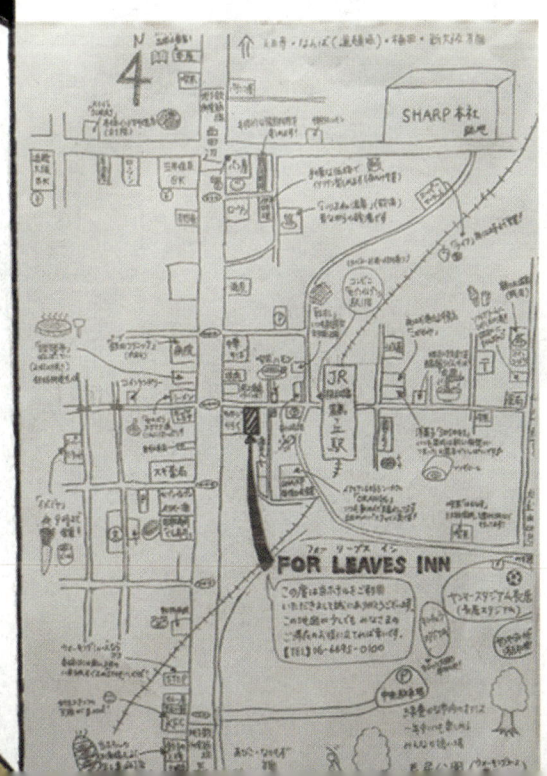

酒店赠送的手绘地图

桃桃睡这儿

# 大阪街景

> 快来摸我脚心，你就会发财。

大阪街头，满是黄黄的银杏树叶。

道顿堀的夜景

日本意式餐饮品牌萨莉亚，在上海也有很多家。

像不像鸟笼？

奔跑的格力高

233

# 日语小课堂

| | |
|---|---|
| 歌舞伎<br>歌舞伎<br>kabuki | 京都<br>京都<br>kyouto |
| 大阪<br>大阪<br>oosaka | 纪录片<br>ドキュメンタリー映画<br>dokyumentariieiga |
| 道顿堀<br>道頓堀<br>doutonbori | 机场<br>空港<br>kuukou |
| 回家<br>帰宅<br>kitaku | 随身携带的手提行李<br>手荷物<br>tenimotsu |

> 一些单词。

千本鸟居
**千本鳥居**
senbontorii

伏见稻荷
**伏見稲荷**
fushimi inari

服务台
**受付**
uketsuke

行李
**荷物**
nimotsu

筋肉人
**キン肉マン**
kinnikuman

难波八坂神社
**難波八坂神社**
nanbayasakajinja

> 今天的挺简单的,快回家了嘛。

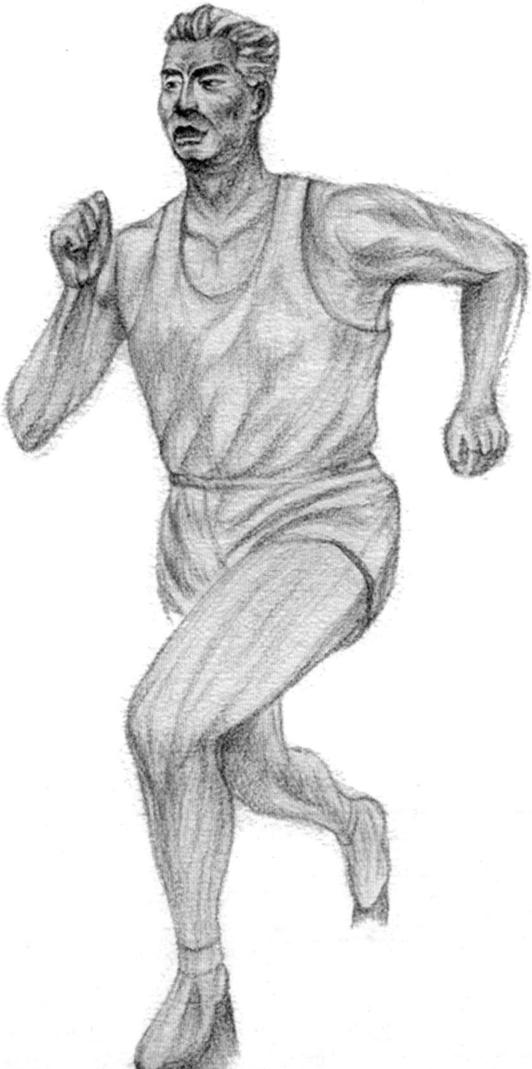

# Day 12

不玩儿了，回家。

**第十二天** 回家

1. 难波八坂神社
2. 南海电车假面罗宾
3. 回家

# 难波八坂神社

巷子里面隐藏着一处人们口中的"狮子神社",绝对是日本众多神社中独特的存在。狮子的"血盆大口"是正堂,眼睛是灯,鼻子是扩音器。据说公元5世纪,难波地区传染病肆虐,有一只神明狮子杀了长着八个头的蛇,保护了百姓,因此人们将它供奉起来,让它镇妖降魔。

挺夸张的外形

INFO

大阪市浪速区元町2-9-19

大阪地铁御堂筋线难波站下车步行5分钟

《筋肉人》是日本漫画家蚵仔煎的漫画作品，1984年获得小学馆第30届漫画奖大奖。《筋肉人》是摔跤系的格斗漫画，故事发生在现代日本，主角是住在日本的二流超人筋肉人，他与接二连三到来的敌人进行战斗。主要描写战斗中形成的美好真情，所以这部动画很受欢迎。主要角色有筋肉人、泰利人、假面罗宾。

# 南海电车假面罗宾

嘿哈

请看

坐这趟车去机场，然后就回家了。

# 回　家

看到一户人家门前的花花草草，温馨的样子让我想家了。

假面罗宾车

**筋肉人电车**

　　《筋肉人》我们都没有看过，不过车上印了这么多，看着很壮观。不得不感叹日本动漫文化已经深入到生活中的各个角落了。希望我们的传统文化和新兴的各类艺术也能成为国家的一张名片。

# 关于交通方面的一些攻略

## 利用自动售票机可以购买JR列车票和其他地铁票

1. 在自动售票机上方的地图上有该区域的线路和车站，每个车站都有对应的车票价格，找到目的地车站。
2. 把钱插入自动售票机，接受10、50、100、500日元的硬币和1000日元的纸币。
3. 选择购票数量。
4. 按按钮显示车票数额。
5. 收取车票和找零。

## 南海电铁——从大阪难波前往关西空港

从大阪难波前往关西空港，最快最便宜的方法是搭乘南海电铁。使用自动售票机的方法跟购买地铁票是一样的。

如果对于操作自动售票机没有把握，也可以到旁边的人工售票处买票（左下图）。买票前可以先在纸条上写上要去的站名，这样即可免去语言不通的尴尬。

买好车票前往检票口，蓝色的是JR，红色的则是南海电铁（右下图），注意不要走错。空港急行电车，单程票价是920日元，时长约45分钟，"特急"需要加510日元。

## 乘车注意

1. 先通过自动检票机检票，按照票面信息找到所乘列车的发车站台。
2. 绿色车厢和"指定席"的票面上有座位号码；如果购买的是"自由席"车票，只要"自由席"车内有空座就可以自由入座。
3. 在地铁列车进站前，乘客需要在站台的黄色安全线外等候。
4. 到站时，列车会用中文广播。站台上的车站名由汉字、假名和罗马字组成。

### 补票

如果车票余额不足出不了站，可以在自动检票机附近的"精算机"补足差额。
1. 先将车票插入，机器自动显示需要补充的金额。
2. 投币补足票款，取出新车票。
3. 把车票插入自动检票机即可出站。

### 可以购买日本地铁储值卡

日本地铁按段收费，车票分为普通票、定期券、回数券、一日票、西瓜卡Suica（供乘坐地铁和公交使用的储值卡）、PASMO（主要是东京使用的地铁、公交储值卡，还可以在PASMO加盟店买东西）。

### 日本电铁票购票流程

日本的私营铁路线被称为电铁，连接城市郊外的住宅区和城市中心区。多数电铁都设有与JR线和其他电铁线的换乘站，但都有各自的运行线路和票价体系。下面以小田急电铁为例，介绍购票流程。
1. 所有车站都有自动售票机，可以在触摸屏上购买车票。
2. 按屏幕右上角的"English"按钮可转换成英语显示。
3. 根据需要选择车票：普通票、定期券、回数券、一日票等。
4. 例如购买普通车票，点击按钮，选择票价和到站，然后插入现金，收取车票和找零。

我们的创作过程

在自习室的座位上埋头苦画

**2019年最后一天**，从豫园回来画了一张老鼠彩灯，自我感觉还不错，然后决定把刚刚结束的日本行画成一本旅游绘本。

**2021年12月** 我们在杨浦图书馆完成了绘本的所有工作，并取名《绘玩日本》。

我在自习室客厅上听《大佛普拉斯》的主题曲

## 暂停

**2020年9月** 我们和旅游局联系上了业务，所以暂停绘制绘本，开始画旅游文创产品。但是后来旅游局的工作并没有马上推进。

**2020年3月** 正式开始绘制绘本。由于疫情，在家画画效率低，可是图书馆又都不开放。后来在五角场附近找了一家自习室画画，很感谢那段时间的坚持。

## 继续

**2021年5月** 我们继续绘制绘本。

**2021年7月** 开始排版。借鉴各类旅游、绘本类的图书，边学边排版。桃桃开始探索用新的画材丙烯马克笔来画最后几张重要的画。